RENACE PARA SER TÚ

Papel certificado por el Forest Stewardship Council®

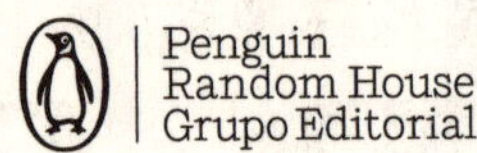

Primera edición: octubre de 2025

Travessera de Gràcia, 47-49. 08021 Barcelona
Diseño de la cubierta: Penguin Random House Grupo Editorial / Judith Sendra
Imagen de los interiores: iStock

Printed in Spain – Impreso en España

ISBN: 979-13-87598-22-8
Depósito legal: B-14.457-2025

Compuesto en Comptex & Ass., S. L.
Impreso en Black Print CPI Ibérica
Sant Andreu de la Barca (Barcelona)

GT 9 8 2 2 8

Dr. Isaac Díaz

RENACE PARA SER TÚ

Recupera tu esencia y ábrete a un amor sano

GROU

Yo no soy lo que me sucedió. Yo soy lo que elegí ser.

Carl G. Jung

ÍNDICE

NOTA DEL AUTOR

Este libro está escrito mayoritariamente en femenino, ya que la mayoría de mis pacientes y seguidoras de mi contenido son mujeres. Sin embargo, quiero dejar claro que todo lo que voy a compartir en él es igualmente aplicable a hombres y a personas de cualquier otra identificación de género. Mi objetivo es ofrecer contenido valioso y enriquecedor para todo el mundo.

Sumado a lo anterior, este libro aborda temas profundos como la infancia y las heridas emocionales traumáticas, y es posible que al leerlo se remuevan emociones y recuerdos dolorosos. Te animo a que leas despacio, tomándote el tiempo necesario para procesar cada capítulo. Para y vuelve al libro cuando lo necesites. Además, puedes realizar los ejercicios propuestos para integrar y sanar el dolor que vaya surgiendo en ti.

Es importante destacar que este libro no sustituye la terapia psicológica. Igualmente, los ejercicios deben ser contrastados y trabajados con un especialista adecuado para asegurar un proceso de sanación seguro y efectivo.

INTRODUCCIÓN

Hola, soy Isaac, doctor en Psicología. Llevo casi diez años tratando a víctimas de abuso narcisista, abordo problemas de autoestima, trauma, dependencia emocional y otras tantas dificultades. Quiero decirte que como humano, también tuve heridas emocionales de infancia.

No quiero que entiendas este libro solo como unos pasos a seguir para sanar tu autoestima y tu dependencia emocional. Quiero que entiendas este libro como un viaje. Tu viaje. El viaje que yo también realicé para identificar mis más profundas heridas de infancia y con el que aprendí a conectar con el dolor, a sumergirme en él, a procesarlo. Y cómo después resurgí de mis cenizas manifestando el yo que siempre estuvo sepultado. Un yo auténtico, compasivo, sabio, intuitivo e inteligente. Así pude crearme una nueva vida y atraer lo que siempre soñé: al amor de mi vida y al trabajo de mis sueños.

En este libro te doy las llaves que abrirán la puerta de tu verdadera esencia. Todos aprendemos a jugar en la infancia con máscaras que nos son impuestas. Todos aprendemos a adaptarnos a la verdad de nuestro sistema familiar, traicionando la nuestra propia.

Nos hacemos expertos en ser la psicóloga de nuestros padres, cuidadores, en ser niños perfectos y fuertes que no se derrumban por nada y por nadie. En definitiva, niños adultizados disociados de sus propias necesidades emocionales encargados de resolver las de los demás, empezando por sus padres y hermanos.

Por eso somos tan buenos en la parte profesional, resolutivos, fuertes e independientes, pero muy infantiles en el campo de las relaciones. No nos dieron herramientas para manejarnos porque nuestros padres también cargaban con sus niños heridos. Aprendimos a ser sumisos, complacientes, a veces rebeldes, atrapados en un vínculo desigual y de amor condicional con nuestros padres. Y, por tanto, atrapados en el patrón de hombres o mujeres que no nos dan lo que verdaderamente necesitamos. Amor del bueno. Amor incondicional.

Sin embargo, no todo está perdido. Porque, aunque la infancia nos marca, no nos condiciona para el resto de nuestra vida si sabemos cómo trabajarla. Lo que vas a descubrir aquí es el ingrediente clave de cualquier receta de sanación y evolución personal: la autenticidad.

No podemos sanar nuestras heridas de infancia, la autoestima y la dependencia emocional si no aprendemos a abrazar nuestras partes más oscuras, si no volvemos a casa. En definitiva, si no aprendemos a ser nosotros mismos sin ponernos caretas, con nuestras virtudes, pero también con nuestras cosas menos buenas.

En este libro vamos a ir de la mano, de forma que puedas descubrir el proceso de sanación del trauma y las heridas de infancia, de la autoestima y la dependencia emocional, así como herramientas prácticas para trabajarlo. Para acompañarte, voy a compartir contigo anécdotas de mi vida personal y de algunos pacientes. Por supuesto, ciertos detalles han sido transformados para mantener su anonimato y confidencialidad.

¿Estás preparada para comenzar? ¿Saber realmente cómo sanar desde la raíz? ¿Empezar a trabajar y sanar tu apego inseguro, baja autoestima, celos y dependencia emocional? ¿Poner límites? ¿Valorarte? ¿Dejar de repetir patrones de pareja disfuncionales? ¿Tener el trabajo que realmente mereces? ¿Encontrar una mejoría en los aspectos de tu salud física que están conectados con tus heridas emocionales de infancia? ¿Ser tú misma/o?

Sigue leyendo entonces. Vamos juntos. Aprende conmigo a renacer para ser. Para ser tú misma.

Primera parte

TU INFANCIA Y ADOLESCENCIA: CÓMO TE OLVIDASTE DE QUIÉN ERAS TÚ

CAPÍTULO 1

EL ORIGEN DE TU ESENCIA SIEMPRE ESTUVO EN TU INFANCIA

Los psicólogos siempre evaluamos y exploramos la infancia por una razón muy importante. La infancia es el lugar donde aprendes a ser tú, o más bien, a dejar de ser tú misma.

Te explico. Todos tenemos un temperamento que es innato y no modificable. Por ejemplo, algunos somos más extrovertidos, otros más introvertidos, más o menos sensibles, aventureros o prudentes. Sin embargo, este temperamento puede esconderse en relación con lo que nuestros padres o cuidadores primarios consideran como bueno o malo para nosotras.

Tus cuidadores anulan parte de tu esencia

Las personas que te han cuidado de pequeña, que suelen ser tus padres, cargan con sus propias mochilas. En ellas hay aprendizajes más sanos y menos sanos que te irán trasladando de forma consciente e inconsciente.

Para que entiendas mejor esta idea, voy a hablarte un poco de mi yo de niño. De pequeño siempre tuve una empatía extrema para detectar las necesidades de las personas; era capaz de averiguar si alguien estaba enfadado, triste, alegre o con miedo observando detenidamente su lenguaje no verbal y leyendo su «energía».

Esa sensibilidad también me conectaba con mis emociones, lloraba o me enfadaba con bastante facilidad. Mi madre me regaló el nombre de Isaac. «Isaac, el que ríe», ese es el significado que lleva asociado mi nombre. Y razón no le faltaba, porque de pequeño siempre estaba haciendo bromas y riéndome muchísimo por cualquier cosa. Siempre me he considerado sensible y pasional, pero también espontáneo, gracioso y divertido.

Ahora imagina cómo encajaría un niño así en una familia con unos cuidadores incapaces de hablar de sus emociones. Complicado, ¿verdad? Tal vez a ti misma te ocurrió algo parecido. Tal vez tu padre era humillado cada vez que mostraba su emocionalidad, así que tenía que ser un hombre rudo y fuerte. O tal vez tu madre era silenciada cada vez que se enfadaba, porque «las mujeres solo lloran».

¿Cómo vas a poder enfadarte tú como mujer, o expresar tu vulnerabilidad como hombre, si eso es peligroso para tu sistema familiar?

También hay mujeres y hombres que de niños fueron dicharacheros y alegres, pero ¿cómo iban a continuar manifestando estas emociones tan positivas si en casa sus madres vivieron la pérdida de sus madres (sus abuelas) y eso generó un ambiente de luto y dolor?

¿Cómo vas a sentirte segura de ti misma si tu madre siempre sentía que no estaba a la altura de tu padre?

¿Cómo vas a confiar en los hombres si entre tus figuras de cuidado existían infidelidades?

La infancia es el jardín donde siembras las semillas de tu auténtica verdad y propósito, mientras tus raíces comienzan a adaptarse al molde de quienes te cuidaron.

¿Cómo vas a mantener relaciones de pareja comprometidas, coherentes, tranquilas y predecibles si en casa tu padre estaba disponible emocionalmente para tu madre en contadas ocasiones y además trabajaba todo el día?

Como ves, tu personalidad innata ya empezó a moldearse desde tu infancia debido a la influencia de tus cuidadores. Ojo, con esto no quiero decir que no lo hicieran lo mejor que supieron con sus recursos, sino que la manera que tuvieron de cuidarte esculpió tu personalidad ya desde tus primeros años. Y esto tiene una enorme influencia en tu yo adulta y en tus relaciones de pareja.

Renunciar a ti para no renunciar a tus cuidadores

En todos los ejemplos que has leído tus padres te están enseñando, sin darse cuenta y pensando que es lo mejor para ti, a renunciar a ti misma para priorizar el vínculo que tienes con ellos.

Ahora te preguntarás, pero ¿por qué los niños no somos nosotros mismos y ya está? Los traumas y problemas de nuestros cuidadores son suyos, ¿no? ¿Por qué tengo que anular yo mi esencia y repetir sus conflictos de pareja si esto no tiene nada que ver conmigo?

Ojalá todo fuera tan fácil y fuésemos auténticos de pequeños siempre. Sin embargo, como especie humana todos necesitamos a unas figuras de cuidado para desarrollarnos, tanto física como emocionalmente. Un niño prefiere mirarse desde la culpa, la humillación, o la negación de su yo auténtico si eso ayuda a que el vínculo con sus padres permanezca intacto. Es un proceso automático e inconsciente. No lo eliges.

De niños necesitamos sobrevivir, y para ello tenemos que ganarnos el amor de las personas que garantizan dicha supervivencia y replicar la forma que tienen de ver y sentir en el mundo.

Tu niña interior tiene una capacidad de adaptación enorme. Ahora ya sabes que esta realidad es un arma de doble filo. Aprendiste a desconectarte de ti para satisfacer el vínculo con tus padres. ¿Y qué tiene que ver esto con los estilos de apego? ¿Y el trauma? ¿Todo ello también me aleja de mi esencia? Así es, por eso es necesario descubrir el origen de estos problemas en los capítulos siguientes para poder sanar desde la raíz. Pero antes te propongo un ejercicio para recordar cuál es tu verdadera esencia.

Ejercicio 1: Cuál es mi esencia

Querida lectora, ¿quién eras tú de pequeña realmente? ¿Lo recuerdas? ¿Te has visto reflejada en algunos de los conflictos anteriores? ¿Qué sientes al pensar en esa parte auténtica de ti más allá de ese conflicto o herida? ¿Te gustaría poder volver a ser esa persona cuando termines el libro?

Puedes utilizar esta plantilla para trazar tu mapa de ruta. Por el momento, necesito que sepas a dónde quieres llegar. O, más bien, a dónde quieres volver.

Te propongo que pienses en tu temperamento, aquel que creas que verdaderamente te define desde que eras una niña. En la columna de al lado, escribe, en el caso de que sea así, a qué esencia renunciaste de ti para ser fiel a tu sistema familiar. En la última columna escribe aquello que también sucedió en tu infancia, pero que te acercó más a ser tú misma. Si no recuerdas nada, puedes escribir cosas que actualmente te ayuden a conectar con tu verdadero yo. A continuación tienes algunos ejemplos para ayudarte con este trabajo.

Yo era una niña...	**Ahora soy...**	**Debido a que...**	**Lo que me acercó a mi autenticidad fue...**
Alegre.	*Triste.*	*Mi mamá estaba apenada por la muerte de mi abuela.*	*Mi papá me hacía cosquillas cuando jugaba conmigo y me ponía muy contenta.*
Espontánea.	*Comedida.*	*Mi papá me humillaba cada vez que reía o era yo misma.*	*Mi tía, en las comidas familiares, hablaba de lo que pensaba sin filtro.*
Aventurera.	*Miedosa.*	*Mi abuela me sobreprotegía.*	*Mi papá me dejaba jugar en el parque con libertad y me sentía valiente y poderosa.*
Creativa.	*Aburrida.*	*Mi papá y mi hermano estaban obsesionados con aprovechar siempre el tiempo, todo era trabajo.*	*Cuando jugaba con mi hermana pintábamos juntas y creábamos historias con esos dibujos.*
Emocional.	*Fría.*	*En casa no se hablaba de emociones.*	*Mi amiga Sara y yo hablábamos mucho de lo que sentíamos.*

Disfrutona.	*Cuidadora.*	*Yo tenía que ocuparme de todo porque mis padres no estaban disponibles.*	*Mis hermanos y yo jugábamos entre nosotros y nos olvidábamos de cualquier responsabilidad adulta.*
Pasional.	*Intensa.*	*Mi familia siempre ha dicho que soy una dramática.*	*Mi mamá siempre se ha considerado una intensa y a mi papá también le encantaba este carácter.*
Confiada.	*Paranoide.*	*En casa traicionaron mi confianza en varias ocasiones o había infidelidades entre mis padres.*	*Recuerdo que los padres de mi amiga Ana se querían mucho y mantenían una relación basada en la confianza y en el respeto.*

Ahora sigue tú...

CAPÍTULO 2

EL APEGO EN TU CUERPO, TUS EMOCIONES Y TU SISTEMA DE CREENCIAS

Antes de entrar en materia, déjame contarte un poco más sobre mi historia. Te prometo que pronto entenderás el porqué.

Mis padres se divorciaron cuando era niño, lo que me llevó a experimentar un hondo sentimiento de abandono y soledad, además de auténtico terror a que alguien me dejase de querer. Comprensible, ¿verdad? Yo era solo un niño que necesitaba del amor de sus padres para sentirse seguro.

Ese sentimiento siguió acompañándome durante muchos años. Por eso, siendo ya adulto vivía las relaciones románticas desde un lugar de mucho sufrimiento. Además, tampoco podía ser yo mismo en otros vínculos, como los de amistad o laborales, pues constantemente dependía de la aprobación de los demás.

Esto generó en mí una necesidad de estar siempre cerca de mi abuela, la que más tiempo pasaba conmigo por aquel entonces. Nunca olvidaré las cosquillas que me hacía antes de dormir, los besos que me daba, las conversaciones eternas que tenía con ella hasta las tantas de la madrugada, las comidas tan ricas que me preparaba, o su disponibilidad absoluta para ayudarme en cualquier tema. Además, ella me animaba a ser un buen estudiante y siempre me tomaba la lección tras habérmela aprendido.

¿Alguna vez te faltó amor y seguridad con un cuidador y, como compensación, idealizaste a otro? Eso fue lo que hice sin darme cuenta. Aunque mi abuelita me ayudó a paliar el dolor de mi soledad, por otro lado, propició una excesiva dependencia hacia ella. Siempre estaba disponible para muchas cosas materiales e incluso cariño y compañía, pero no me brindó la seguridad que necesitaba para sentir mis emociones más dolorosas o explorar el mundo sin depender de ella. El amor no lo cura todo.

Tal vez viviste una situación parecida, aunque seguramente de otra forma distinta (y es totalmente válido, incluso si no te identificas plenamente con mis ejemplos), porque cada persona tiene sus propias heridas emocionales, como veremos a lo largo del libro.

No hay padres perfectos. Quizá idealizaste a ambos progenitores para sobrevivir y no conectar con el dolor; o a uno de ellos, como en mi caso; o, todo lo contrario, tal vez sientas mucho rencor hacia ellos porque nadie te protegió y te encuentras igualmente atrapada en el dolor.

Sea como fuere, lo que vivimos en la infancia nos marca y nos lleva a desarrollar un apego inseguro de cara al otro, baja autoestima y unas creencias limitantes importantes. Yo me sentía poco querible, insuficiente, y pensaba que debía esforzarme para ganarme el amor del otro. ¿Te suena?

¿De dónde vienen estas creencias limitantes? ¿De dónde viene el miedo, la ansiedad, las palpitaciones que aparecen en tu cuerpo

cuando crees que el otro va a abandonarte o rechazarte? Del apego. Todo comienza aquí. Para mí el apego no es solo una teoría psicológica, sino que es una teoría de vida. Ahora quiero contártela.

El apego es el vínculo emocional que se desarrolla entre el niño y los cuidadores primarios en los primeros años de vida, ya sean los padres, los abuelos u otros cuidadores. Ese primer vínculo con papá y mamá será tu principal referencia inconsciente a la hora de relacionarte contigo misma, tus parejas, futuros hijos, familiares, amigos y el mundo.

Ese vínculo es inconsciente porque se basa en la comunicación implícita: en los gestos, la mirada, la energía. Es decir, se basa mucho más en lo que no se dice que en lo que se dice.

Por ejemplo, imagina que una niña le pregunta a su padre que si el vestido que lleva puesto le queda bien. El padre le contesta que «sí, te queda bien». Pero ahora imagina el tono verbal de ese mensaje. Ponle un tono agradable y otro de mofa (con media sonrisa en la boca del padre). Observa en tu mente la diferencia entre un tono y otro. Eso es lo que le llega a la niña: no es la palabra ni la frase, sino lo no dicho. A la niña podría llegarle el mensaje de que su padre la mira con ojos de amor y admiración al ponerse un vestido tan bonito, pero también podría sentir que su padre se ríe de ella.

La seguridad del apego es fundamental, y depende de tus cuidadores primarios que la interiorices en mayor o menor medida.

¿Tuviste un apego seguro en tu infancia?

Cuando tus padres tienen un apego seguro, satisfacen de forma consistente y coherente las siguientes necesidades:

- **La necesidad de seguridad.** En la infancia debemos sentir que estamos protegidos físicamente y tenemos recursos que nos ayuden a desarrollarnos. Por ejemplo, tener acceso a una vivienda segura y estable, comida, un entorno limpio y saludable, atención médica, estudios, empleo y contar con las necesidades materiales básicas cubiertas. También disponer de un espacio de juego y disfrutar de tiempo de calidad, así como de un espacio para regular nuestras emociones de forma amable, sintónica y serena. No podemos olvidar que los niños también necesitan límites, coherencia, estructura y predictibilidad. Todo esto también forma parte de la seguridad.
- **La necesidad de afecto.** Sentir que somos queridos emocionalmente, protegidos, acompañados y aceptados.
- **La necesidad de reconocimiento.** Sentir que somos importantes, que podemos tener éxito y confianza en nosotros mismos.
- **La necesidad de pertenencia.** Sentir que pertenecemos a una familia, grupo social o clan.
- **La necesidad de autorrealización.** Sentir que podemos llegar a cumplir nuestras metas, que podemos verbalizar nuestros sueños o anhelos y que se nos permite la realización de nuestros deseos.

Los cuidadores con apego seguro cumplen estas condiciones básicas:

- **Seguridad emocional en el sistema nervioso.** Como padre o madre puedo sintonizar y hacerme cargo de las emociones de mi hijo sin que me abrumen, ya sea hiperactivando las mías o desconectándolas y volviéndome frío. Un ejemplo fácil y claro serían las rabietas. Si mi hija se enfada, yo no me enfado más, ni le chillo ni la dejo sola con la rabieta. Estoy con ella regulándola hasta que se calme.
- **Responsividad, coherencia y consistencia.** Respondo con sentido y de forma más o menos inmediata a lo que necesita mi hijo. Por ejemplo, si mi hija está triste porque se ha caído, sintonizo con su tristeza (sin enfadarme) y trato de aliviar su malestar en ese momento con tranquilidad y un lenguaje afectivo y cálido.
- **Capacidad de reparación.** El cuidador seguro no es el que satisface de forma ideal todo el tiempo y al cien por cien las necesidades emocionales del niño. Al contrario, el cuidador seguro comete muchos errores y así se lo hace saber a su hijo, tratando de repararlos. Por ejemplo, una madre grita a su hijo en un día de mucho estrés. Posteriormente, la madre pide disculpas a su hijo explicándole que a veces los adultos pueden tener un mal día. Una madre que tiene un trauma no pediría disculpas, considerando que su hijo le ha sacado de quicio con mala intención; o que, por el contrario, ella como madre lo ha hecho tan mal que acaba por ponerse a llorar durante diez minutos seguidos delante de su hijo.

- **Baja proyección.** Cuando hemos sufrido experiencias dolorosas en la infancia nuestros niños interiores heridos (que siguen en nuestro cuerpo de adulto) se activan al ver a nuestros hijos. Ese dolor de lo vivido del que nos hacen de espejo nuestros hijos es tan fuerte que necesitamos «echarlo fuera». Y lo hacemos mediante un mecanismo de defensa psicoanalítico denominado «proyección». Por ejemplo, imagina que un niño saca un siete en un examen y su padre, con tono serio y mirada de desaprobación, le dice: «Está bien, pero intenta sacar más nota en el siguiente, ¿de acuerdo?». En este caso, el padre está proyectando su niño herido e insuficiente en su hijo. La razón de su comportamiento es que este padre provenía de otro altamente exigente que le pegaba si no sacaba al menos un nueve. Cuanto más sanados tengamos a nuestros niños heridos, menos proyecciones haremos.

Si mis padres no me «miraron» o me «miraron a medias», sentiré abandono.

Si me miraron con desaprobación, sentiré rechazo.

Si me miraron con envidia, sentiré rivalidad conmigo y con el otro.

Si me humillaron, sentiré vergüenza.

Si me chantajeaban emocionalmente, sentiré culpa.

Y así un largo etcétera de conflictos emocionales.

Debes saber que no existe ningún padre (salvo los perversos narcisistas o psicópatas que sí tienen intención de dañar) que quiera hacer daño a sus hijos de manera consciente. Tus padres te proyectan sus conflictos emocionales de manera inconsciente, por tanto, se heredan y transmiten sin una intención real de daño. De hecho, todo lo contrario: casi todos los padres educan a sus hijos pensando que eso es lo mejor para ellos. **Esto no va de personas buenas y malas, de víctimas o verdugos, sino de personas conscientes y responsables.**

El apego inseguro: ¿lo viviste cuando eras niña?

Ahora que ya sabes cómo se vive un apego seguro en la infancia, que es el apego ideal, exploremos el apego inseguro, pues tal vez te identifiques con él. ¿De qué maneras puede manifestarse?

Si tus padres (u otras figuras de cuidado) no tuvieron una infancia sana (que es lo habitual), es posible que proyectaran en ti todos sus fantasmas y heridas emocionales no resueltas, que tuvieran dificultades en regular tus emociones y al atender tus necesidades, generando en ti estilos de apego inseguro.

Voy a explicarte brevemente los tipos de apego inseguro infantil que existen:

- **Apego ansioso o ambivalente.** Se caracteriza por un sistema nervioso alterado en el que no hay seguridad. Viene de padres que no han estado disponibles para nosotros todo el tiempo que necesitábamos, o, todo lo contrario, padres muy sobreprotectores, miedosos y controladores. Como resultado, el niño necesita constantemente la reafirmación de que el otro está ahí y no va a abandonarlo, rechazarlo o dejarlo de querer. Las niñas que tienen este apego son propensas a las rabietas y aprenden a estar hipervigilantes respecto de sus padres en cuanto a cuando vienen, se van, juegan o hablan con ellas. Este tipo de apego se da más en niñas.

- **Apego evitativo.** Se caracteriza por tener mucho miedo a ser invadido y dañado emocionalmente por el otro. Viene de padres que han rechazado nuestras emociones o, todo lo contrario, que han sobrepasado nuestros límites y nos han invadido emocionalmente; por ejemplo, con gritos, o ver a mamá llorando todo el tiempo. El niño necesitará «apagarse» y desconectarse de lo que siente; ya que permitirse sentir le recordará, o bien al rechazo de sus padres, o a la invasión de estos. Estos niños, por ejemplo, esconden sus necesidades, se sienten rechazados por los demás antes de tiempo, huyen del conflicto, les cuesta mostrar vulnerabilidad o mantener vínculos con intimidad. Este tipo de apego se observa más en niños varones.
- **Apego desorganizado.** Se caracteriza por ser una mezcla extrema de los estilos de apego anteriores. Se da en niños con padres caóticos, impredecibles, contradictorios. Los niños con este apego tienen un terror muy grande a ser invadidos emocionalmente y rechazados, pero, por otro lado, necesitan literalmente al otro para sobrevivir.

  En este apego se alternan sentimientos opuestos y contradictorios que tienen que ver con la idealización y el odio a los cuidadores, que son vistos como figuras de apego y de terror al mismo tiempo. Por ejemplo, un día puedo ver a mi papá como la mejor persona del mundo porque me abraza cariñosamente, y a los pocos minutos me pega, así que me genera miedo y rabia. En la infancia estas personas sufrieron desconexión y disociación, y de adultas no son muy conscientes de sus conductas; de esta manera, tienden a tener amnesia, olvidos o despistes. Les cuesta darse cuenta de lo que sienten y de sus necesidades, incluso de identificar cuándo les hacen daño, determinadas conductas ajenas los ponen en peligro o no están dirigidas hacia lo que necesitan, ya que tienden a idealizar al otro. En algunos casos, suelen verse más sanos de lo que realmente están porque necesitan escindir todo lo doloroso sobre sí mismos. Este comportamiento tiene mucho que ver con el trauma complejo, el maltrato, el abuso sexual y la negligencia parental media-grave.

¿Puedo tener varios estilos de apego?

Tal vez después de descubrir en qué consiste cada tipo de apego seas incapaz de reconocerte al cien por cien en uno de ellos. Es algo bastante habitual, no todo es blanco o negro. Quizá tengas una gran parte de apego seguro, pero muestres signos de apego desorganizado en ciertas situaciones. También es posible que combines estilos de apego inseguro, como el apego ansioso y desorganizado.

Si es tu caso, no te preocupes, **los estudios científicos demuestran que nuestro sistema de apego se puede encauzar hacia la seguridad**. Aproximadamente, este proceso tarda unos dos años si lo trabajamos con las herramientas adecuadas.

Lo que me parece más raro es cambiar de un apego inseguro a otro. Por ejemplo, puedes tener apego ansioso de base y, debido a una traición o infidelidad en una pareja, tener dificultades para confiar en otra. Pero eso no significa que tengas un apego evitativo de repente, es que tienes un duelo o un conflicto de traición sin elaborar. Recuerda que el apego se desarrolla en la infancia, durante los primeros meses y años de vida.

Te pongo otro ejemplo para que lo entiendas mejor. Eres capaz de decir a tus amigas que no te apetece quedar con ellas y no te agobias por eso; sin embargo, a tu pareja no se lo dices porque tienes miedo a que te abandone. Tienes apego ansioso con tu pareja y tienes apego seguro con tus amigas, no es que tengas apego evitativo con ellas.

El sistema de apego y las defensas asociadas no se activan con todo el mundo; normalmente, lo hacen con las parejas y con aquellas personas que nos recuerdan inconscientemente un conflicto con nuestros padres. Por ejemplo, tu jefe puede recordarte a tu padre exigente cada vez que te pide una tarea para el día siguiente.

Igual que la inseguridad de tu apego no se activa siempre, sino con ciertas personas, lo mismo ocurre con la seguridad de tu apego. Esto nos genera un rayo de esperanza porque si no parece que estamos rotas, ansiosas e inseguras, y que solo hay eso dentro de nosotras. Nada más lejos de la realidad.

Como bien ilustra la maravillosa experta psiquiatra Anabel González en su libro *Entender y evaluar el apego*, ten en cuenta que hoy en día hay muchísima investigación respecto al concepto de apego. Hay autores que defienden que existen más estilos de apego, otros dicen que cambian según la persona, algunos que hay que diferenciar entre estrategias de apego frente a estilos de apego. En mi opinión, en un intento de aclarar el tema, se está cayendo en una mayor confusión. Te he explicado el apego teniendo en cuenta mi forma de verlo, no digo que sea la más correcta ni la verdad absoluta sobre este campo, pero sí la más sencilla.

El apego es tu mapa de ruta

Una vez conocidos los diferentes estilos de apego, vayamos un poco más allá. Es momento de hablar de los Modelos Operativos Internos de trabajo (MOI) y de cómo se relacionan con el apego.

Según Carlos Pitillas, los MOI son mapas de ruta inconscientes originados en las interacciones que tenemos con nuestros padres en la infancia y que nos guían cuando somos adultos.

Básicamente, son esquemas mentales que nos sirven para anticipar nuestra manera de comportarnos y de relacionarnos con los demás según lo que aprendimos durante la infancia.

Por ejemplo, si de pequeña llorabas y tus cuidadores venían a consolarte, seguramente desarrollaste un MOI del estilo «los demás estarán ahí cuando lo necesite». Pero si cuando eras pequeña tus necesidades emocionales no fueron atendidas, desarrollaste un MOI del estilo «no puedo confiar en que los demás estén para mí». Y esto, como imaginarás, influye mucho en cómo te relacionas en la actualidad en todos los ámbitos de tu vida.

Dependiendo del nivel de herida emocional de nuestras figuras de apego, puedes tener unos MOI más o menos sanos. **Los MOI pueden combinarse con los estilos de apego de múltiples formas y nos sirven de referencia en nuestras relaciones con los otros (ya sean amigos, parejas o hijos) y el mundo.** Te resumo los tres MOI que existen:

- **Sensibilidad a la estima.** Mi relación con el mundo, los otros y conmigo mismo está ligada a los logros que alcanzo o los que nunca tuve. También tiene que ver con lo que pienso sobre mí mismo: o me valoro en exceso o no me valoro nada; o soy excesivamente crítico y tajante con el otro o le consiento demasiado. En este esquema predomina la vergüenza, la rabia y el miedo. Este modelo suele relacionarse con padres que ponen el foco en los éxitos de sus hijos o les consienten demasiado.
- **Sensibilidad a la seguridad.** El mundo, los otros y la relación conmigo mismo dependen de la cercanía o la distancia que siento respecto a mis emociones: invado al otro con lo que siento, o me desconecto de él. En este esquema sobre todo hay miedo, rabia y lucha por no sentirme controlado, o lucha, miedo y rabia para controlar al otro. Está asociado a padres que se agobian con las emociones de sus hijos y se distancian, o a padres que se fusionan con las emociones de sus hijos, no son capaces de regularlas, es decir, se estresan tanto como ellos.
- **Sensibilidad a la separación.** El mundo, los otros y la relación conmigo mismo se basan en la fusión con el otro o con su cuidado. Me da terror separarme del otro porque sin él no soy nada o el otro no es nada sin mí. En este esquema sobre todo hay miedo, tristeza y culpa, ya que dejar de cuidar al otro cuando me necesita es algo muy difícil cuando me han educado para ello. Estos padres suelen hiperproteger a sus hijos limitando su autonomía o les dan un exceso de libertad y dejan que recaiga en ellos la carga del cuidado (hay una inversión de roles en la que los hijos son los padres y cuidadores de los padres).

Los ojos con los
que me miraron
son los ojos con
los que me miraré
a mí misma,
al mundo
y a los otros.

Recuerda que los MOI no son buenos ni malos, solo más o menos sanos. Tener, por ejemplo, un MOI de sensibilidad a la estima significará que para sentirte con buena autoestima necesitarás sentirte una persona útil, a la que se le propongan retos, cambios, nuevos proyectos… Y aquí no hay nada poco sano que debamos cambiar. Sin embargo, este MOI podría ser menos sano si tu valor como persona radica únicamente en tus éxitos y hay poco espacio para otras cosas. O si estás demasiado acostumbrado a que los demás valoren absolutamente todo lo que haces y te enfada mucho cuando esto no sucede.

Lo mismo sucede con el MOI de sensibilidad a la seguridad. Tener este MOI en su lado menos sano puede significar que te da miedo que te controlen o agobien emocionalmente. O, todo lo contrario, necesitas saber constantemente qué hace y siente el otro en todo momento porque si no lo tienes controlado sientes que puede abandonarte a la mínima de cambio.

Con el MOI de sensibilidad a la separación ocurre exactamente lo mismo. En su versión más desajustada puedes ver al resto de las personas como niños que necesitan de tu ayuda y no saben cómo manejarse en el mundo solos, por lo que tenderás a establecer relaciones interpersonales desde un rol maternal como si el otro fuera un niño pequeño. También puede sucederte al revés, sentirte una niña y necesitar a personas «papás» para que te protejan en este mundo complicado y difícil.

Las personas que te salvaron

¿Recuerdas a algún familiar, profesor o amigo/a que te ayudase en algún momento de tu vida infantil incluso adolescente? ¿Que te hiciera sentir más querida, valiosa o protegida? ¿Que te amase por como tú eras realmente? Estas son las figuras de apego positivas. Aquellas que palian el dolor del trauma y que incluso lo reparan.

Mis cuidadores también tenían aspectos positivos que me ayudaron a ganar seguridad en mi sistema de apego. Recuerdo a menudo a mi tío Alex: se reía mucho conmigo, me miraba y me trataba con mucho amor y a mí eso me llegaba. Siempre le estaré agradecido. Además, tuve una profesora del colegio que me ayudó mucho. Era capaz de verme y valorarme. Jamás me olvidaré de su rostro. Se llamaba Ana. Ella me proporcionó esos pequeños momentos de oxígeno que el Isaac niño necesitó para no terminar de dañar su autoestima. Siempre le estaré agradecido. Fue ella quien me inició en el mundo del baile y la música. En el colegio hacíamos actuaciones de teatro y música, y ahí descubrí que tenía aptitud para la danza y un talento especial para la expresión emocional a través del cuerpo.

Por eso con quince años mi madre me ayudó a apuntarme a una escuela de baile. De hecho, me motivó y me empujó a ello. Veíamos juntos la serie *Fama, ¡a bailar!* y recuerdo esos momentos con mucha nostalgia. Gracias a mi madre descubrí que el baile era mi pasión. Además, el grupo de amigos que conocí allí me hizo sentir que por fin pertenecía a algún sitio. Sara, Isabel o Mónica son algunas de las amigas de esa clase con las que más me sentí yo mismo, en absoluto juzgado y sí aceptado. Mis profesoras, Anabel y Julia, siempre tenían palabras y miradas de amor hacia mí.

Otros grupos de amigos durante mi adolescencia, como los «Jamelgos» o mis mejores amigas Elena, Wendy y Alba también me ayudaron a sentirme menos solo y poder expresar parte del dolor que guardaba en mi infancia. Siempre recordaré mucho a Elena, nuestras conversaciones sanadoras y nuestras tardes «brujis» echándonos las cartas del tarot; a Wendy y su apoyo incondicional a pesar del tiempo y la distancia, además de los eternos paseos en los que acabábamos perdidos en las calles de Madrid, o las risas continuadas a carcajada limpia con mi amiga Alba.

Al poder contar con ellas para expresar mis emociones y necesidades, mis MOI también empezaron a cambiar, sintiéndome más seguro y confiado porque había personas a las que verdaderamente les importaba. Todas ellas tuvieron un papel crucial en mi historia de vida. No lo saben, pero me salvaron de caer en una profunda depresión por el acoso escolar que recibía, sumado al resto de mis heridas de infancia.

Apoyarnos en las figuras de apego positivas como recursos somáticos en nuestro proceso psicoterapéutico es imprescindible para procesar el trauma y sentir la seguridad.

Ejercicio 2: ¿Cuáles fueron tus figuras de apego positivas?

Apunta en esta tabla cuáles son las figuras de apego positivas que tuviste en la infancia y cómo te ayudaron. A veces, ciertas figuras que te dañaron también tienen aspectos positivos, apúntalos también. Si no recuerdas figuras de apego positivas, piensa en alguien a quien admires y que trate a las personas desde el apego seguro. Puedes releer el capítulo 2 para recordar las características de un apego seguro. Después, apunta cómo sientes en tu cuerpo la seguridad cuando piensas en el recuerdo. Cierra los ojos para concentrarte si es necesario. No tengas prisa, tómate al menos dos minutos para encarnar en tu sistema nervioso cada sensación y emoción que puedas sentir y que proceda de estas figuras de apego positivas.

Figura de apego positiva	Me ayudó a...	Siento en mi cuerpo...
Mi madre.	*Ser valiente.*	*Un calor en el pecho que activa mi fuego interior. Puedo atravesar mis miedos con mayor fortaleza.*
Mi abuela.	*Ser constante.*	*Una fuerza en mis piernas que me lleva a darme cuenta de que, con tenacidad, puedo conseguir lo que quiera.*

Mi padre.	*Ser más racional.*	*Alivio y ligereza en los hombros, lo que me ayuda a relativizar mis emociones difíciles.*
Mi profesora del colegio.	*Tener compasión.*	*Amor hacia mí mismo en forma de luz en mi pecho y cierta pena que siento en mi garganta, por todo lo que le hicieron a ese niño, pero también tengo la certeza de que alguien lo ayudó y valoró su verdadera esencia.*

Ahora sigue tú...

CAPÍTULO 3

LOS TRAUMAS QUE TE ACOMPAÑAN DESDE LA INFANCIA

Ahora que ya sabes lo que es el apego seguro e inseguro, vamos a ver juntos cuál es la relación de estos conceptos con tu sistema nervioso, tus heridas y traumas de la infancia. Tal vez creas que ciertas vivencias quedaron ya muy lejos, pero de alguna manera siguen estando presentes en tu vida, modelando tu manera de ser y de relacionarte con los demás.

El sistema nervioso autónomo: la base para sentirte segura

Voy a hablarte de lo que es el sistema nervioso autónomo (SNA) teniendo en cuenta la teoría polivagal de Porges. El SNA es el encargado de regular todo lo que tiene que ver con nuestro cuerpo, emociones y relaciones. Como su nombre indica, es autónomo, por lo cual, escapa a nuestro control manual.

El sistema nervioso organiza las sensaciones de seguridad en tu cuerpo, no en tu cabeza. ¿Te acuerdas cuando te decía que el apego y los MOI se basan más en lo que no se dice que en lo que se dice? A esto me refería. La seguridad no se transmite con palabras, sino con el cuerpo. Desde el primer contacto, el sistema nervioso del bebé aprende a leer el mundo a través de señales invisibles: la energía que lo envuelve, la respiración que lo acompaña, la mirada que lo reconoce, el cuerpo que lo sostiene. Es en esa comunicación silenciosa donde se forma la base de nuestra seguridad interna. Y aquí entra en juego el sistema nervioso, que opera a través de tres vías fundamentales. Estas vías no son elecciones racionales, sino respuestas automáticas del sistema nervioso. Por eso, lo que el cuidador transmite con su cuerpo —más que con sus palabras— moldea profundamente la forma en que el niño aprende a estar en el mundo, a vincularse, a protegerse o a esconderse y así va creando mapas y creencias narrativas internas seguras o inseguras (MOI).

Ahora voy a explicarte las ramas del SNA:

- **Rama vagal-ventral.** En esta rama, nuestro SNA es capaz de activar nuestro estado de calma, permitiéndonos, por ejemplo, ralentizar las pulsaciones para estar más tranquilos, relajar nuestros músculos para el descanso o promover la erección genital para el disfrute sexual. Se activa cuando conectamos socialmente desde el amor y la compasión. En este estado de seguridad, el mensaje de las narrativas cognitivas se resume en: «las cosas son posibles; estoy seguro, soy capaz». Por otro lado, las narrativas emocionales-corporales tienen que ver con sentir seguridad, apertura, presencia, bienestar, distensión corporal.
- **Rama simpática.** Este sistema, entre otras cosas, aumenta las pulsaciones, la temperatura y el ritmo respiratorio, moviliza la

sangre a los músculos de las piernas para que podamos correr, luchar o huir, e inhibe la digestión si en ese momento no es relevante y aumenta el cortisol. Este sistema se hiperactiva cuando nos enfrentamos a un peligro. Las narrativas cognitivas son: «tengo que; debo, no hay tiempo, qué miedo, qué rabia...». Las narrativas emocionales-corporales tienen que ver con ansiedad, enfado, temor, preocupación, pensamiento rumiativo, frustración, urgencia, control, prisa, perfeccionismo...

- **Rama vagal-dorsal.** Cuando nuestro SNA activa esta rama es porque ya no le queda más remedio. Es la que más energía requiere, la más costosa. Y la más problemática. Si no puedes sentirte seguro en la rama vagal-ventral, el SNA activa la rama simpática. Pero cuando ya no puedes escapar o correr, solo queda quedarse congelado o hacerse el muerto. En esta rama, el SNA se hipoactiva y disminuye la frecuencia cardiaca y el metabolismo, paraliza la digestión y otros procesos inmunológicos importantes y aumenta el cortisol todavía más. Las narrativas cognitivas son: «no puedo, para qué, no tiene sentido, no hay salida, no hay esperanza, soy un asco, soy una vergüenza». Las narrativas emocionales-corporales son: depresión, aislamiento, desmotivación, rendición, colapso, indefensión aprendida (sentir que no hay escape)...

Aunque no se trata de que te analices constantemente ni de que estés siempre en la vía vagal-ventral del SNA, es importante que entiendas cómo funciona y que seas flexible para que puedas pasar de una vía a otra fácilmente. La lucha, la huida o la congelación pueden ser útiles en diversos contextos utilizadas de forma asertiva y entre los grises. Porque está claro que no es igual luchar por defender tu punto de vista gritando que explicándolo desde el yo y con un tono verbal calmado. Tampoco es igual irte de una relación que te está haciendo daño que huir de todos los vínculos por miedo a que descubran el fraude que (crees que) eres. Incluso la congelación puede ser útil, aunque en menos contextos, salvo que vayas por la calle y alguien intente hacerte daño y tu única salida sea hacerte la muerta. Ojalá no te pase nunca esto.

Recitar mantras o cambiar tu diálogo interno es una parte del proceso de cambio. Pero eso no va a hacerte sentir más segura si no SIENTES la seguridad en tu cuerpo que te permita fluir de un estado de lucha a otro de huida o de conexión contigo y calma, si lo necesitas. Más adelante hablaremos de todo ello, pero por ahora recuerda su funcionamiento.

Las heridas emocionales infantiles son trauma

Te preguntarás: ¿qué es exactamente una herida emocional?, ¿es trauma?, ¿me afecta para toda la vida?, ¿cómo me condiciona?

Una herida emocional infantil es el resultado de un daño emocional traumático que recibimos cuando somos niños y que se da en el vínculo de apego con nuestros cuidadores primarios. Es lo que llamamos «trauma» y se basa en un conjunto de experiencias complicadas que en su momento superaron nuestra capacidad de integración y asimilación. Y entonces nos quedamos congelados, sin saber qué decir, hacer o sentir; o desarrollamos otras respuestas fijas y rígidas de supervivencia como la lucha o la huida.

Algunos autores como Levine y Van der Kolk sostienen que la respuesta de congelación, algo así como «hacerse el muerto» sin poder descargar todo el exceso de energía de querer luchar o huir, es totalmente imprescindible para que se dé trauma.

Otros autores como Maté y Cazabat dicen que trauma también puede darse aunque no haya existido congelación, pero sí experiencias repetidas de:

- **Lucha:** por ejemplo, rabietas contra unos progenitores que no nos cuidaban, o discusiones varias para que pudieran aceptar nuestro punto de vista.
- **Huida:** por ejemplo, escondernos para que no nos pegaran, no mostrar nuestras emociones, o alejarnos del conflicto en familias puramente racionales.

De niños, quizá no tengamos memoria de haberlas usado, pero la probabilidad de que aparezcan estas respuestas para sobrevivir al daño externo es muy alta. Nuestro sistema nervioso está en desarrollo hasta los veinticinco o veintinueve años y no tiene tantos recursos como los de un adulto para poder llevarnos a la seguridad y procesar emociones y eventos difíciles. Por tanto, la emoción que surge del evento doloroso es tan intensa que necesito enviar a mi inconsciente y disociar todo ese recuerdo doloroso. Es decir, apartarme emocionalmente de la situación, desconectando de lo que me está ocurriendo al no poder procesarlo con los recursos que tengo.

Yo sí recuerdo de pequeño quedarme congelado con la mirada perdida, en la cama, en más de una ocasión cuando me sentía solo. Incluso teniendo rabietas descomunales pidiendo la atención de mi madre (mecanismo de lucha). O, de adolescente, huyendo de la realidad del *bullying* que sufría en una pantalla de videojuegos sin saber qué me pasaba. También de adulto gritando, en modo lucha, tratando de que mi madre o mis parejas del momento me escucharan y fueran capaces de ver que mis emociones existían y eran válidas. Mucho tiempo después pude entender que estas respuestas de supervivencia me habían ayudado a sobrevivir en una infancia y adolescencia en las que yo me había sentido invisible y no se les había dado un lugar a mis emociones más dolorosas.

Otras personas en su infancia pueden haber sufrido un abuso sexual y haberse quedado paralizadas, en la respuesta de colapso o congelación, porque el hecho de haber atacado o huido les podría haber provocado un golpe mortal por parte de su abusador. O una niña podría haberse quedado llorando quieta en su cama (haciéndose la dormida) porque su madre le ha chillado muy fuerte tras un día estresante de trabajo. Pero también podría haber huido a la carrera o luchado, gritando más alto que su madre para hacerse escuchar.

Cuando el trauma se da en relación con el otro, se denomina «trauma de apego». Ese otro son nuestros padres o cuidadores primarios. Por consiguiente, una herida emocional conlleva siempre un trauma de apego o «t pequeña» o «relacional». Ojo, porque, aunque se denominan pequeñas porque el daño emocional se va produciendo poco a poco por maltrato o negligencia parental, son igual o más devastadoras que otros traumas.

En el trauma de apego existen otros condicionantes fundamentales para que este se manifieste: la ausencia de reparación

posterior al trauma, la frecuencia, la gravedad y la existencia de uno o varios momentos de congelación, lucha o huida. No es lo mismo decir: «Hijo, eres un inútil» dos, tres, cuatro días, incluso meses o años, y después no pedir perdón; que decir: «Hijo me sacas de quicio» (de forma puntual) y reparar pidiendo disculpas después. Tampoco es igual un azote ocasional que palizas repetidas.

En resumen, y a modo aclaratorio, la herida emocional es consecuencia de un trauma de apego y está estrechamente relacionada con él. Recuerda que este tipo de trauma se denomina «relacional» o de «t pequeña».

Ten presente que las heridas emocionales pueden reactivarse en tu vida adulta, como veremos en los siguientes capítulos, y agrandarse ante diferentes disparadores (eventos estresantes) como:

- Las relaciones de pareja, especialmente las rupturas.
- Los jefes y compañeros de trabajo complicados.
- Amigas íntimas y conflictos en las relaciones con ellas.
- El nacimiento de los hijos (ver a tu hijo recién nacido reactiva las heridas de tu infancia).
- Los cambios (domicilio, país, vejez, dejar de trabajar, cumplir años, etcétera).
- Periodos intensos de soledad y aislamiento (vacaciones, pandemias…).
- Periodos largos de separación, muertes y pérdidas.

Las heridas emocionales se reactivan en la vida adulta porque los eventos estresantes actuales pueden desencadenar recuerdos y emociones no resueltas del pasado. Estas experiencias actúan como disparadores que reabren viejas heridas, especialmente si no se han procesado de forma adecuada. La mente y el cuerpo (sistema nervioso autónomo) almacenan estas experiencias traumáticas, y situaciones similares en el presente pueden provocar respuestas emocionales intensas (lucha, huida o congelación). Esto ocurre porque el sistema nervioso autónomo, a la velocidad de la luz, asocia los eventos actuales con los traumas pasados, haciendo que las emociones y sensaciones resurjan con fuerza.

El núcleo del trauma: la herida de abandono emocional

Las heridas emocionales que sufrimos en la infancia van fraguando nuestra personalidad, sepultando partes del temperamento y añadiendo otras para adaptarnos al ambiente. No todas las personas tienen la misma herida en el mismo nivel de gravedad, hay toda una escala de grises. Y la gravedad dependerá de cuántas veces nuestros padres nos dañaran de forma inconsciente, porque recuerda que ningún padre que exista, a excepción de ciertos casos de narcisistas, quiere el mal para sus hijos.

La herida de abandono suele ser una herida nuclear en todos. ¿Quién no se ha sentido invisible en varios momentos de su infancia? ¿Quién no ha sentido la necesidad de compartir más con sus cuidadores? Más juego, más atención, más amor, más afecto, más presencia.

Como sabes, yo también tuve una herida de abandono debido a la situación de divorcio que sufrí y la ausencia de reparación de ese dolor por parte de mis cuidadores primarios.

Mi madre trabajaba muchas horas, pero también vivía su juventud saliendo de casa para pasarlo bien; además, atendía los quehaceres del día a día. Por supuesto no todo era negativo. Disfruté con ella muchos momentos felices, como esas ricas «comidas indias» que hacíamos sentados en el suelo de casa, sobre cojines, mientras veíamos una película chula, o escuchábamos música, o bailábamos, conversábamos mucho, nos reíamos... Mi madre era muy cariñosa y divertida. Ojo, en otros momentos, mi madre podía llegar a ser muy impredecible. A veces era muy autoritaria, pero también demandante, a veces cariñosa y otras más distante... Yo no sabía muy bien a qué atenerme, y enfadarme o expresar mis necesidades no era una opción si quería evitar un conflicto grande con mamá.

Mi padre tuvo una relación tras el divorcio, algo que no llevé muy bien. No encajé tener una nueva madre tan pronto. Sobre todo porque yo sentía que mi padre no sabía distribuir bien el tiempo con ambos.

Recuerdo momentos fugaces con mi padre, como ir al cine, que por la mañana me hiciese cosquillas con «julipunis» (así llamaba a su mano), jugar a videojuegos, las escapadas los fines de semana a la sierra para hacer senderismo, pasar las vacaciones en hoteles de lujo, cuando mi padre me enseñó a montar en bicicleta... Sin embargo, en otros muchos momentos yo me pasaba las mañanas solo jugando a la consola. Menos mal que mi abuela paterna, mi abuela Rosa, jugaba conmigo en muchas ocasiones y me daba cariño y atención, paliando un poquito el dolor de esta herida.

Yo logré identificar mi herida de abandono; mi historia puede servirte como ejemplo para que tú hagas lo mismo. En general, esta herida se manifiesta como un miedo, tristeza y rabia muy intensos que surgen ante la posibilidad de ser abandonado o dejar de ser querido, ante el miedo a que el otro se vaya. Este patrón se da sobre todo en mujeres, que se vuelven controladoras del otro, celosas, o incluso se conforman con relaciones que no les satisfacen con tal de no conectar con el dolor del abandono.

La herida de abandono se origina en padres que han estado ausentes física o emocionalmente (poco cariñosos, distantes, fríos o que no podían sintonizar con lo que sentíamos porque estaban en otras cosas). **También viene de padres que han sobreprotegido a sus hijos** (han hecho todo por ellos, sin dejar explorar al niño, y transmitiéndole miedo e inseguridad).

En los hombres también puede darse la herida de abandono. Sin embargo, tienen formas distintas de protegerse de ella. Los hombres suelen disfrazar su herida a través de una falsa independencia, alejándose de los demás para no hacerse daño o saboteando sus relaciones cuando sienten que el vínculo se intensifica.

Ejemplos de padres que transmiten esta herida a sus hijos:

- Padres que pasan mucho tiempo fuera de casa por trabajo u otras cuestiones.
- Padres que están sufriendo una depresión por pérdida de familiar, amigo o pareja.
- Padres que se sienten abrumados por las necesidades emocionales de sus hijos, y aunque están presentes físicamente, se desconectan de ellos ignorándolos.
- Padres que no se sienten preparados para el proceso de crianza y siguen llevando el estilo de vida previo a tener hijos.

Trauma no es únicamente todo lo doloroso que sufriste, sino todo lo bueno que NO sucedió y que siempre necesitaste.

- Padres que frenan el desarrollo de sus hijos. Limitan su autonomía al sobreprotegerlos, hacen todas las cosas que el niño debe hacer y hablan por él.
- Padres que refuerzan la independencia del niño demasiado pronto; por ejemplo, lo acostumbran a cuidar de sus hermanos o a responsabilizarse de adultos en casa. Le hablan e incluyen en asuntos para los que no está preparado, como el trabajo o temas de pareja.
- Padres que saturan emocionalmente al niño con sus preocupaciones, emociones intensas, verbalizaciones… El niño acaba por desconectarse de sus emociones para protegerse.

La sociedad amplifica la herida de abandono desde los mitos del amor romántico. Nos cuenta que habrá un príncipe o princesa que nos salvará de todos nuestros males, llenará nuestros vacíos y nos devolverá la felicidad. La sociedad nos incita a buscar en ese salvador la solución a la herida de abandono de nuestra infancia; impidiendo, por tanto, la sanación desde nuestro interior. Además, nos lleva a exigir continuamente al otro algo que jamás podrá darnos, porque no hay nadie perfecto ni maravilloso que sea capaz de alimentar todos nuestros vacíos emocionales. Las rupturas de pareja que tendremos de adultas y con las amistades reabrirán especialmente esta herida.

El trauma oculto: lo que no se ve también duele

Trauma no es solo lo que sucede, sino también todo lo que no sucede. Muchos niños no han tenido una experiencia segura a la hora de compartir con sus padres sus emociones, o de jugar con ellos o simplemente pasar tiempo juntos. Otros tantos no tuvieron la experiencia de descansar, pues siempre había que estar ocupado. O la experiencia de pensar en todo lo que había que hacer al día siguiente, porque siempre había que estar preocupado.

Cuánto malestar tuvieron que soportar los sistemas nerviosos de todos estos niños, que acabaron en estado de congelación, desconexión de sus emociones o viviendo en piloto automático para poder procesar su dolor. Estrategias que en su vida adulta habrán sido un problema, porque los habrán llevado a aislarse de los demás para no compartir, trabajar sin descanso, o pensar obsesivamente en todo lo negativo que podría ocurrir.

Trauma es un concepto mucho más complejo y va mucho más allá de lo que vemos. De hecho, el trauma se produce especialmente sobre lo que sentimos con relación a lo invisible. ¿Recuerdas cuando hablaba sobre el apego y el sistema nervioso de lo que no se dice? **Las miradas, los gestos, todo lo no verbal también traumatiza. Y mucho.**

Por eso, el trauma de apego no solo se basa en insultos, chillidos o palizas. Va mucho más allá. A veces es sutil, silencioso, enrevesado. Hay frases o lenguajes no verbales que esconden muchas más cosas entre líneas.

Ejemplos de situaciones que revelan traumas relacionales ocultos:

- Padres que critican constantemente a sus hijos, evaluando con lupa sus logros.
- Padres que gritan a sus hijos o se muestran agresivos con ellos. La agresividad no siempre es explícita. Te pongo un ejemplo de agresividad sutil: «Hija, parece que no has hecho nada en todo el día, ¿no?» (este mensaje invalida el tiempo de descanso y es típico de padres que solo valoran el trabajo y el sacrificio).

- Padres que chantajean emocionalmente, muchas veces de forma sutil: «Con todo lo que hacemos por ti…».
- Padres que no saben cómo regular las emociones de sus hijos, que se sienten abrumados por ellas o se distancian.
- Padres que tratan al niño como si fuera invisible o que no pasan tiempo de calidad con él.
- Padres que no valoran al niño en absoluto y muestran una falta de reconocimiento hacia él y de presencia en su vida.
- Padres que, aunque aparentan cuidar, solo satisfacen sus necesidades narcisistas; sobreprotegen al niño, limitando su autonomía y dañando su autoestima. Por ejemplo, le dicen: «Quita hija, que ya lo hago yo, anda».

Yo, por ejemplo, sé que tuve mucho trauma oculto. Incluso preverbal (antes de que pudiera hablar). Antes de ir a terapia siempre tuve mucha dificultad en regularme emocionalmente, sintiendo en muchas ocasiones que mis emociones se disparaban a la mínima de cambio sin tener recuerdos explícitos infantiles de dicha desregulación. Pero el cuerpo llevaba la cuenta desde que era bebé y la desregulación estaba en él, y por lo que me han contado, sé que ante mis rabietas y llantos de bebé mis papás no pudieron hacerlo muy bien. O más bien, lo hicieron todo lo mejor que pudieron.

La sobreprotección y la invalidación de mi realidad emocional estaba presente de forma continuada, aunque cubierta por un manto de «lo hago porque te quiero» o «tienes un problema y tienes que tratártelo», y me era muy difícil darme cuenta de ello y verlo como algo de lo que tenía derecho a protegerme o por lo que tenían que pedirme disculpas. De hecho, durante muchos años me sentí culpable por enfadarme con parte de mi familia de origen. También recuerdo que deseaba compartir más tiempo y más intimidad con mi padre, o más juego con mi madre. Todo aquello que no sucedió también fue haciendo grande mi herida nuclear de abandono, entre otras.

¿Cómo saber si tienes síntomas de trauma?

En el siguiente cuadro, elaborado desde un modelo dimensional, te detallo lo que para mí son algunos síntomas claves de trauma de apego y sobre todo el central: la inseguridad interna; esto es, sentir que tienes que dejar de ser tú para que el otro no te abandone o te deje de querer.

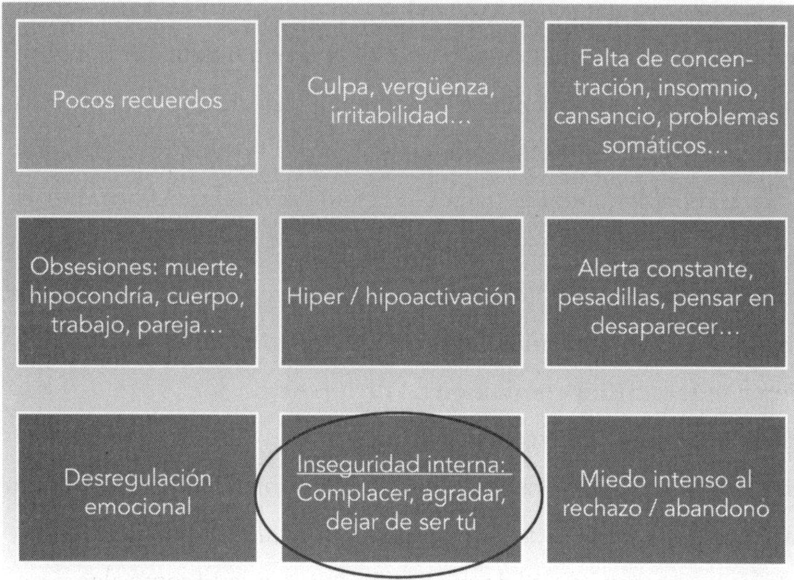

Puedes tener todos o solo algunos síntomas, y esto simplemente es indicativo de cuánto trauma existe en tu cuerpo.

Quiero clarificar dos aspectos importantes del cuadro. Primero, debes saber que la hiper o hipoactivación hace referencia a las estrategias que pone en marcha nuestro sistema nervioso. No te olvides de que la hiperactivación hace referencia a la estrategia de lucha y un SNA activado en la rama simpática, y la hipoactivación hace referencia a la estrategia de congelación y un SNA activado en la rama vagal dorsal. Y solo como pincelada adicional, porque creo que es importante tu salud, debes saber que estas estrategias de hiper/hipoactivación también pueden dañar tu salud física, además de la emocional.

Si en tu día a día tu cuerpo está acostumbrado a vivir en la hiperactivación, por ejemplo, con aumento del cortisol, consumo de cafeína, no parar, o hacer muchas actividades, llegará un momento en el que tu cuerpo necesitará equilibrarse y buscará el extremo opuesto: la hipoactivación. Antes de esto, puede colapsar e iniciar la congelación funcional (normalizamos el apagarnos en periodos concretos de tiempo y seguimos viviendo de mala manera, o más bien sobreviviendo). Esto se da, por ejemplo, en momentos en los que no tienes fuerzas para levantarte de la cama, comes comida basura, haces *scroll* en TikTok, o ves series en piloto automático. Además, si mantienes un ritmo de hiperactivación traumática continuado, o de hipoactivación, que no te sorprendan diversas enfermedades o somatizaciones: hiper/hipotiroidismo, SIBO, intestino irritable, alergias, fibromialgias, dolores de cabeza muy intensos, etcétera. Recuerda que cuando estamos en modo supervivencia, sistemas no esenciales como el digestivo, el respiratorio o el inmunológico se ven gravemente afectados.

Cuando hablamos de desregulación emocional, nos referimos a la dificultad para regular nuestras emociones. En muchas ocasiones nos cuesta sostener nuestro miedo, que toma el control y lleva a estados de hiperactivación. Otras veces nos cuesta dejar entrar el afecto positivo o caemos en estados de insensibilidad (no sentimos nada), de autocastigo y de exigencia (ya que somos incapaces de procesar una vergüenza tan intensa). Son las consecuencias de haber sufrido trauma de apego y no haber tenido unos padres que nos enseñaran adecuadamente a sentir, procesar y digerir toda la gama de emociones. Porque no hay emociones positivas y negativas, sino emociones más cómodas y menos cómodas. Todas sirven para algo.

Espero que ahora tengas un poco más claro cómo puede manifestarse el trauma en tu cuerpo, ya que es un tema complejo. Pero recuerda que, para recibir un diagnóstico correcto, debes acudir a profesionales cualificados en trauma, lo que leas aquí son meras aproximaciones u orientaciones a lo que te puede suceder.

Como has ido leyendo hasta este momento, la inseguridad interna es un elemento clave del trauma de apego. Te sorprende, ¿verdad? Muchas personas siguen pensando que trauma solo es el famoso trastorno de estrés postraumático (TEPT). Si únicamente nos basamos en el TEPT, la cosa cambia mucho, puesto que solamente tienes TEPT si cumples una serie de síntomas que puedes encontrar en Google y en los Manuales Diagnósticos de Clasificación de los Trastornos Mentales, como el DSM-5.

Sin embargo, para mí el trauma está presente en la vida de todos. Desde que nacemos hasta que nos morimos. Y está estudiado, y cada vez más demostrado, que es la base de muchas patologías físicas, psíquicas y etiquetas diagnósticas, además de estar relacionado con aspectos emocionales y espirituales (Hogg). Por ende, prefiero ver trauma como un continuo en el que todos podemos presentar algo del mismo en algún nivel o dimensión, más que como una categoría binaria de sí o no basada en el recuento de síntomas.

Por último, como ya habrás deducido, trauma y su resolución es la clave absoluta. Sin duda. **Al comprender y abordar estos síntomas, podemos empezar a sanar y mejorar nuestra calidad de vida en todos los sentidos.**

Ejercicio 3: Cómo sentirte segura en tu cuerpo

Al principio del capítulo te hablaba del sistema nervioso autónomo y de su relación con tu sensación de seguridad, las heridas y el trauma. Con los siguientes ejercicios te invito a que explores tu interior, a que te des permiso para sentir y a conectar con tu cuerpo.

Trabajar el sistema nervioso al completo no es algo que vayas a poder hacer con este libro porque tendría que explicarte muchas más cosas para mapear tus estados internos según cada rama, ayudarte a conectar con sensaciones corporales y emociones; algo que solo podríamos hacer en terapia individual o grupal.

No obstante, puedo ayudarte a que practiques la seguridad interna para aliviar tus síntomas, pensamientos intrusivos y emociones difíciles, lo que te generará una mejoría en tu autoestima.

Ponte cómoda para trabajar la siguiente visualización. Te recomiendo utilizar cualquier música que active tu hemisferio derecho, el encargado de conectar con tus emociones. A mí me encantan las piezas para piano en este tipo de ejercicios. En concreto las creadas por Ludovico Einaudi. Mi favorita es la de «Experience». También te sugiero grabar el texto de los ejercicios con tu voz y reproducirla mientras los realizas.

Práctica somática 1: *Bodyscan*

Pon la música. Quiero que te sientes en una silla, con los pies firmes en el suelo y que las manos reposen sobre tus rodillas. Tienes que notar que tu columna está activa al mismo tiempo que relajada y que tus hombros están en su sitio, hacia abajo. Ahora cierra los ojos. Escanea cada parte de tu cuerpo. No busques una emoción, solo sensaciones: frío, calor, burbujeo, electricidad, tensión, distensión, expansión, contracción, pinchazos..., lo que sea. Empieza por la cabeza y sigue por los pómulos, párpados, orejas, cuello, hombros, brazos, manos, pecho, espalda, estómago, genitales, piernas y pies. Dedica al menos treinta segundos a cada parte de tu cuerpo para observar con curiosidad qué sensaciones suceden en tu cuerpo ahora. Respira cada poco tiempo tres segundos por la nariz, retén el aire otros tres segundos en tu diafragma y exhala tres segundos por la boca. ¿Qué sensaciones notas? ¿Son agradables o desagradables? Dedícale a esta parte del ejercicio al menos cinco minutos. La respiración es importante porque está conectada con el nervio vago, y este a su vez con la rama vagal-ventral de la seguridad.

Práctica somática 2: Lugar tranquilo

Bien, ahora escanea tu cuerpo mientras mantienes en tu mente un recuerdo positivo que te haga sentir segura, en calma, protegida. Si no tienes uno, créalo. Puede ser tan sencillo como el de estar cada mañana calentita en la cama o imaginar un lugar mágico y fantasioso donde te sientas bien. Puedes incluir en él animales o plantitas, incluso personas que para ti sean confiables. Ahora, imagina lo que ves en ese recuerdo. Observa los colores, las formas, la luz. ¿Hay árboles, montañas, una ventana por la que entra el sol? ¿Hay alguien contigo? ¿Animales, plantas, objetos que te hacen sentir bien? Escucha los sonidos que hay en ese lugar. Tal vez el canto de los pájaros, el murmullo del viento, una melodía suave, o el silencio reconfortante. Deja que tus oídos se llenen de esos sonidos. Percibe los aromas en el aire. ¿Huele a tierra húmeda, a flores, a pan recién horneado, a tu perfume favorito? Respira hondo y deja que ese olor te envuelva. Siente si hay algo que puedas saborear. Tal vez estás tomando algo caliente, comiendo dulce o simplemente disfrutando de la tranquilidad. Nota ese sabor en tu boca.

Ahora presta atención a tu piel. ¿Qué sientes? ¿La suavidad de una manta, el calor del sol, la brisa fresca, el abrazo de alguien querido? Nota cada textura, la temperatura. ¿Cómo notas cada parte de tu cuerpo? Mientras lo observas, nota cómo tu cuerpo comienza a responder. Tal vez sientes una ligera expansión en el pecho, como si pudieras respirar más profundamente. Puede que aparezca una sensación de calor en el tórax o en el abdomen, como una llama suave que te reconforta desde dentro. También, por ejemplo, pueden aparecer lagrimeo, bostezos, llanto controlado y agradable. Estas son señales de que te sientes segura. Sentirse segura también genera liberación de cargas emocionales, somáticas y sensaciones placenteras. Dedícale a esta parte del ejercicio al menos diez minutos. Después estira todo tu cuerpo de la mejor forma que sepas.

Práctica somática 3: Pendulación

Llevar tu atención de un recuerdo agradable, como tu lugar seguro, a uno menos agradable le da «músculo» somático a tu sistema nervioso y más capacidad para tolerar emociones incómodas. Con ello, aprenderás a regularte emocionalmente. Vamos a poner en práctica este movimiento.

Si piensas en un recuerdo agradable frente a uno desagradable, ¿notas cómo cambian las sensaciones? Repite la práctica de *bodyscan* recordando algo agradable o tu lugar seguro frente a algo incómodo (no demasiado incómodo, de poca gravedad). Pendula de un recuerdo a otro varias veces observando las sensaciones que aparecen en tu cuerpo. Permanecer un minuto escaneando tu cuerpo entre cada pendulación debería ser suficiente. Céntrate solo en tus sensaciones corporales, no te exijas mucho más. Si aparecen ganas de llorar, correr o saltar, tan solo déjate llevar. Tu SNA, cuando se siente seguro, buscará liberarse de energías que no pudo expresar durante el día o de recuerdos dolorosos. Dedícale a esta parte del ejercicio al menos ocho minutos.

Si practicas todos los días la conexión vagal-ventral con tu cuerpo, te aseguro que notarás muchos beneficios: desde una mayor conexión con tus sensaciones y emociones, hasta un descenso del cortisol, seguridad cuando estés con otras personas o realizando actividades estresantes para ti, ser capaz de digerir tu vergüenza tóxica cuando aparezca, sostener mejor el miedo al abandono o al rechazo, procesar algunos traumas de infancia superficiales, etcétera. Cuanto más practiques con el SNA en la seguridad, más automática se volverá para ti en el resto del día a día.

Si sientes abrumador o peligroso realizar este tipo de ejercicios, por favor, para, no lo hagas. En algunas personas debemos preparar su sistema nervioso con prácticas y abordajes menos invasivos antes de realizar este tipo de aproximaciones psicocorporales.

También es bastante común que se activen patrones de elevada autoexigencia, sintiendo que haces mal el ejercicio, o patrones de desconexión, sintiendo que se te va la cabeza o que el ejercicio es bohemio o una chorrada. Todo esto es normal y forma parte del proceso, por lo que deberías seguir repitiendo el ejercicio a pesar de tener este tipo de pensamientos. Estamos tan desconectados de nuestro cuerpo y de nuestro SNA por esta sociedad de la inmediatez que estos pequeños gestos nos parecen inútiles, pero te aseguro que no lo son. Sigue practicando y poniendo la atención en tu cuerpo y en tus sensaciones con curiosidad y compasión.

CAPÍTULO 4

LA ADOLESCENCIA COMO SEGUNDA INFANCIA Y SU RELACIÓN CON TU VERDAD

Lo que vamos experimentando en la vida puede ayudarnos a reparar los traumas que sufrimos en la infancia y lograr esa seguridad interna tan ansiada que hemos ido perdiendo a lo largo de nuestra historia. Sin embargo, también puede ocurrir lo contrario: que nos retraumaticemos.

El hecho de retraumatizarnos significa volver a ponernos en contacto con una misma experiencia traumática o similar y no tener la capacidad en nuestro sistema nervioso de integrarla. De esta manera, volvemos a quedarnos en shock, o luchamos y huimos como si no hubiera un mañana ante alguien que vuelve a hacernos daño como en nuestra infancia. Así, vuelven a activarse todos esos síntomas tan incómodos que te he ido explicando: la ansiedad que nunca cesa, pensamientos rumiativos, ataques de rabia, sensaciones internas de no encajar, mucho miedo al rechazo y al abandono, etcétera.

Al retraumatizarnos, fortalecemos el dolor original de la infancia y empezamos a forjar máscaras que nos van alejando de nuestra verdad o autenticidad pero que nos protegen de volver a ponernos en contacto con esa realidad tan dolorosa de lo que, paradójicamente, siempre fuimos.

¿De qué depende que nos podamos retraumatizar o no? Pues de las figuras de apego positivas que hayamos tenido en nuestra vida y de nuestro temperamento. Si existieron personas en nuestra historia que nos ofrecieron una base emocional sólida —desde la cual explorar el mundo, confiar en los demás y regular nuestras emociones—, nuestras heridas emocionales se repararán con más facilidad. A esto se suma que nuestra forma de ser nos dota de una capacidad, mayor o menor, para poder asumir el voltaje emocional de ciertas experiencias dolorosas.

La etapa escolar reabre antiguas heridas

En mi historia personal, mis compañeros de clase me ridiculizaban por mi energía más femenina y mi responsabilidad. Yo era un empollón y encima un «maricón». Recuerdo perfectamente que, como no podía protegerme de estos insultos, algunos golpes físicos y desprecios, me quedaba en shock. Todo ese malestar se acumulaba y se metía en una cajita dentro de mi inconsciente. Mi abuelo paterno contribuyó gravemente al trauma de humillación que iba creciendo dentro de mí desde que era pequeño. Fueron muchas las situaciones, con mofas y burlas, en las que sufrí rechazos constantes por ser quien era, un chico al que le gustaban otros chicos. Y al no tener la protección de ninguna otra figura de apego ante su maltrato, me disociaba, porque aquello era demasiado para mi sistema nervioso. En el colegio tampoco podía defenderme: me limitaba a agachar la cabeza mientras recibía semana tras semana decenas de insultos e incluso invasiones a mi espacio personal no deseadas. Solo mi abuelo materno se dio cuenta de que recibía *bullying* porque lo presenció un día que fue a buscarme al colegio, pero no se habló más del tema.

Yo me lo callé todo. Me sentía avergonzado, culpable. Asqueroso. Malo por ser como era. Un niño sensible. Un niño gay. Cómo iba a contar en casa lo que me estaba sucediendo si me sentía inadecuado. Además, con mi familia no tenía por costumbre expresar mis emociones, así que cómo iba a explicar eso.

Sumado a lo anterior, tenía pánico de expresar mi identidad gay a mi familia, sabiendo todo lo que la sociedad decía de los «maricones». Y no es que ellos fueran especialmente tolerantes; las conductas femeninas siempre eran vistas como un signo de debilidad en el hombre. No los culpo, no podemos separar a la familia del contexto macrosocial machista y homófobo en el que todavía seguimos viviendo. Hemos avanzado mucho, pero aún nos queda otro largo trecho que recorrer en materia de apertura y tolerancia hacia otras culturas, grupos étnicos, orientaciones sexoafectivas y, por supuesto, hacia la figura y el papel de la mujer.

Nuestra segunda infancia es una segunda oportunidad y es el resultado del baile entre la vergüenza y la compasión por lo que somos.

Mi historia habla por todas aquellas personas que, tal vez como tú misma, sufrieron acoso escolar por diferentes motivos. Algunas lo sufrieron por ser gordas, otras por ser demasiado delgadas o feas, otras negras, frikis, raras, autistas, poco populares…, y así un largo etcétera.

En mi caso, y en el de muchas víctimas, no solo me fui retraumatizando en esa herida de abandono al no poder contarle a nadie lo que sucedía, sino que también se generó en mí una herida de humillación y de rechazo importante.

En muchos otros casos, como el mío, aparece una herida más: la no pertenencia. Al costarnos tanto encajar en un grupo en el colegio o el instituto, tenemos una fobia atroz a pertenecer o no a un grupo.

Es bastante esperable que, si sufrimos *bullying*, de adultos suframos *mobbing* en el trabajo o con otras amistades. Nuestro miedo a no encajar nos hace vulnerables. Nos mostramos distantes, poco accesibles, y tampoco sabemos cómo protegernos si nos hacen daño. Vivimos en huida constante por lo que respecta a los vínculos y en la congelación si alguien nos daña. Al no mostrar quiénes somos y no poner límites, las personas sanas se alejan porque no pueden conectar con nosotros y las abusivas traspasan nuestras fronteras.

Estas estrategias defensivas rígidas de huida y congelación son un caldo de cultivo ideal para que nos sigamos retraumatizando el resto de nuestra vida adulta en diferentes grupos si no lo trabajamos. Por no hablar de los problemas que tendremos para socializar con las amistades de nuestras futuras parejas.

La vergüenza, la herida de humillación y las máscaras asociadas

Cuando sufrimos experiencias que nos llevan a despreciar quienes somos, ya sea en el colegio, con las amistades, o en casa, la vergüenza secuestra todo rastro de nuestra verdadera esencia y hacemos como si nada pasase, ocultando lo que sentimos. Esta vergüenza que sufrimos, sostenida en el tiempo, puede generar una herida de humillación.

La herida de humillación viene de padres que nos han ridiculizado de forma grave y humillante por nuestra forma de ser o por nuestro físico. Está asociada especialmente a madres controladoras, perfeccionistas, y que dan excesiva importancia al qué dirán, al cuerpo, a lo material y a la imagen. Ojo, también puede venir de madres o padres sobreprotectores, de forma que el niño siente que no tiene recursos para protegerse y entonces sufre más adelante cuando socializa con sus iguales. Aunque la herida tiene un origen familiar, como todas, cuando realmente culmina es en la etapa escolar. Está asociada al acoso grave escolar y, en muchas ocasiones, al acoso intrafamiliar por parte de primos o hermanos, es decir, por iguales.

Ejemplos de padres que transmiten esta herida a sus hijos:

- Madres que realizan dietas y le dan excesiva importancia al físico y a la ropa. Padres que critican el físico de sus hijas.
- Madres que no han tenido estudios o, todo lo contrario, y proyectan la superioridad o inferioridad que han sentido cuando eran niñas vinculada al ámbito académico-laboral.
- Padres que hacen comentarios violentos y despectivos respecto a

la apariencia y al carácter de sus hijos. En muchas ocasiones, con sentido de doble-vínculo. El doble vínculo se basa en mensajes contradictorios. Por ejemplo, una madre le dice a su hija: «Cariño, el viernes voy a la peluquería, que llevo el pelo fatal. Tú también hace tiempo que no vas, ¿no? ¿Quieres venir conmigo y así nos dejan guapas a las dos?» (lenguaje verbal cariñoso, pero no verbal castigador, con una mirada de desprecio y un tono burlón). Otro ejemplo sería: «Hija, mira cómo te pones cuando te enfadas, con todo lo que hago por ti». Los mensajes de doble vínculo generan culpa y sensación de desprecio por uno mismo. Con esto el niño interioriza una relación infantil asimétrica de poder desde el abusador-abusado, ya que niega su realidad emocional disociándose del enfado a través de la culpa.

- Padres que invalidan, ridiculizando o culpando, el sufrimiento de los hijos respecto del acoso (en muchos casos grave) sufrido por iguales, ya sean hermanos, primos o también compañeros de clase.
- Padres que maltratan físicamente, mediante palizas, bofetones, azotes, pellizcos, correazos…
- Padres que sobreprotegen a los hijos porque sufrieron rechazo y humillación cuando eran pequeños, por lo que vuelcan en ellos sus miedos y los despojan de recursos para poder ser autónomos, protegerse y defenderse ante sus iguales. Estos padres no son la causa directa, pero sí indirecta de la herida de humillación. Esta se activará cuando los hijos socialicen en la adolescencia y no tengan recursos para enfrentarla.

Las críticas en torno al cuerpo o al carácter, los momentos de rechazo, vergüenza o ridículo, así como la falta de valoración de cualidades físicas o de los atributos positivos de la personalidad reabren especialmente esta herida.

La vergüenza y el miedo a ser abandonadas de nuevo nos generan lo que llamamos «máscaras». Falsos yoes o partes auxiliares que creamos dentro de nosotras únicamente para no perder el vínculo con el otro.

Una de las más típicas y de las que yo utilicé es la de la evitación camaleónica. Ocultando quién era realmente. Tratando de no ser femenino, «que no se me note». Intentando ser masculino, lo que en realidad no era, con tal de evitar la humillación. ¿Tú también tratabas de ser otra persona que no eras para ocultar tu «yo fraude»?

También creé la máscara del automaltrato, pues me machacaba internamente cada vez que alguien me «pillaba» siendo «muy gay» o hacía algo que consideraba inadecuado y vergonzoso. Si yo me machacaba, evitaba que saliese esa parte de mí que iban a rechazar. ¿Te suena esto de machacarte una y otra vez por algo que has dicho o hecho? ¿De repasarlo mil y una veces mentalmente?

Otra máscara que desarrollé fue la de la perfección, pues para mi abuela debía ser el niño y estudiante de oro, hacer las cosas perfectas, ir siempre guapo y bien vestido, y además era mi forma de sobrecompensar lo mierda que me sentía siendo gay. Siendo yo. Me decía: «Si soy tan defectuoso siendo homosexual, al menos soy perfecto en lo académico». ¿Alguna vez has tratado de ser muy buena en algo para compensar un «defecto» en tu personalidad?

Y, además, también utilizaba la máscara de la dependencia, de manera que solo me sentía seguro en la burbuja de la casita de mi abuela. Sin ella, me sentía completamente solo y desprotegido. Imagínate cómo esta máscara me iba a permitir después separarme de parejas que me hacían daño...

Cada herida emocional tiene una máscara distinta y, para rizar más el rizo, cada máscara depende del temperamento de cada uno. Ante una herida de rechazo, por ejemplo, una persona puede utilizar la máscara o defensa del huidizo; y otra, la máscara del extrovertido, alguien que intenta hacer chistes y caer bien para encajar.

Otras compañeras de adolescencia: la herida de rechazo y sus máscaras

Junto a la herida de humillación, la herida de rechazo también tiene un papel importante en nuestra etapa adolescente y, más adelante, en nuestras relaciones de pareja en la vida adulta.

Esta herida hace referencia a un miedo muy intenso a que el otro nos rechace por cómo somos, ya sea física o emocionalmente. Comparte similitudes con la herida de humillación, puesto que en esta también existe un rechazo implícito o explícito. Sin embargo, en la herida de humillación el rechazo es mucho más grave, continuado y excesivo, además incluye sentimientos de vergüenza ridículo o humillación extremos. Por otro lado, como te comenté, en la herida de rechazo la máscara suele ser más la evitación, la huida o el exceso de extraversión, mientras que en la de la humillación es la del automaltrato.

Mi sistema nervioso también esculpió la máscara del huidizo en muchos vínculos, especialmente en los grupos sociales amplios, de los que huía por miedo al rechazo: no me mostraba, no daba mi opinión, me camuflaba en la invisibilidad absoluta.

La herida de rechazo procede de padres que no nos han aceptado incondicionalmente por nuestro físico o por nuestro carácter. Como la herida de humillación, casi siempre va ligada a una etapa de acoso escolar o familiar.

Ejemplos de padres que transmiten esta herida a sus hijos:

- Padres que realizan comentarios negativos a los hijos: «De pequeña eras muy arisca»; «Nunca fuiste cariñosa»; «Eras muy rebelde», etcétera.
- Padres que enfatizan el rechazo con la mirada, sin comentarios verbales aparentes. Esto ocurre cuando ven algo que no les gusta del otro y les recuerda ese algo que tampoco les gusta de sí mismos. Por ejemplo, una madre que ve que a su hija se le empiezan a ensanchar demasiado las caderas y comienza a mirarlas con desaprobación.
- Padres que hablan de los demás de forma despectiva criticando sus gustos, su forma de ser y estar en el mundo.
- Padres que sienten rechazo por el género femenino o masculino a causa de su experiencia vital. Hablamos, por ejemplo, del padre que tenía hermanas a las que les consentían todo por el hecho de ser mujeres. Cuando tiene una hija, deposita en ella los sentimientos de rabia que no pudo elaborar hacia sus hermanas y la rechaza sin explicación aparente. Si hay un hermano varón, se aprecia claramente la alianza que hay con este. También pasa a la inversa. En esta categoría también hay padres dominados por la ideología machista, que rechazan cualquier rasgo feme-

nino en hombres o masculino en mujeres (ya sean homosexuales o no).

La sociedad tiene muchísimo que ver en el desarrollo de esta herida y en la de humillación, pues alimenta los cánones de belleza disfuncionales, especialmente en el género femenino. Las curvas en el cuerpo de una mujer, la delgadez, la dieta basada en la ausencia de grasa, el éxito y los likes que nos dan las redes sociales son algunos de los factores que promueve la sociedad y alimentan la herida del rechazo. Todo ello puede afectar gravemente a las mujeres de esta era, en especial si cargan en su mochila una herida de rechazo infantil.

En el colectivo LGBTIQA+ sucede algo similar, pues en los últimos años se ha puesto demasiado el foco en la cultura de lo superficial, el contacto sexual rápido y fácil a través de cuerpos de gimnasio, el consumo de drogas, las fiestas nocturnas en las que solo se ven cuerpos semidesnudos, etcétera. Por consiguiente, si un chico homosexual no se ve dentro de esta «vida *cool*», puede sentirse fácilmente rechazado.

No puedes huir de tu infancia y adolescencia

Llevar las máscaras puestas gran parte de nuestra vida nos protege del dolor original, pero al mismo tiempo nos deja exhaustos. Nadie puede sobrevivir tanto tiempo aislándose de sus traumas más profundos. En algún momento tocas fondo.

Siento algo de pena al escribir estas palabras. Es habitual sentir en nosotros mismos la compasión y el acercamiento al dolor de lo que sufrió ese niño y adolescente a medida que vamos sanando. Sin embargo, también es habitual pensar en ese niño o adolescente y relativizar su dolor, odiarnos o hacer como si nada hubiera pasado.

Si yo ya traía una herida de abandono emocional, acabé por sentirme más solo e incomprendido por mi orientación sexual. Yo mismo invisibilicé una parte de mí para no sufrir la humillación del acoso y las críticas de mi familia. Así, me fui encerrando en mi propio búnker. Protegido, pero aislado de mis necesidades y emociones más profundas que siempre necesité expresar y soltar.

No pude vivir una adolescencia normal. Invertía gran parte de mi tiempo jugando a videojuegos, leyendo libros y pasando tiempo solo. No pude echarme novio ni salir tanto con mis amigos como quería; lo hacía de forma muy esporádica. Siempre tenía miedo a que me descubrieran. Qué fuerte me parece todo eso ahora que lo escribo. Me sentía realmente mal por cómo era. No podía ser yo mismo por miedo a que me dejaran de querer. Pero, por supuesto, yo me decía que no era para tanto.

¿Te suena esta historia? Muchas veces nos contamos la falsa verdad de que sí, de que somos valiosos, que confiamos en nuestras capacidades… Pero si cierras los ojos y te haces la pregunta «¿Soy valiosa?», ¿qué se activa en tu sistema nervioso? La verdad está en tu cuerpo, no en tu cabeza. No es lo mismo saber que soy valioso que sentir que soy valioso.

Esa verdad tan dolorosa no puede mantenerse a raya para siempre. **El dolor se va filtrando y haciendo estragos en nuestros falsos yoes, en nuestras máscaras.** Y si no queremos escuchar e integrar el dolor que nos persigue desde la infancia, este buscará la forma de aparecer. Migrañas, psoriasis, trastornos digestivos, picores, cansancio extremo, apatía, ansiedad, pánico, ataques de ira... Recuerda que todos estos síntomas no son malos ni buenos, son pistas de lo que tenemos que trabajar. Muchos de ellos son emociones reprimidas que debemos aprender a sentir más allá de estar funcionando en modo supervivencia de lucha, huida o congelación.

Mi yo adolescente no sabía por qué me sentía solo y lloraba de repente en muchos momentos. O por qué tenía ansiedad cuando estaba conociendo a grupos nuevos de personas. En el fondo me sentía en peligro porque pensaba que me iban a acosar como tantas veces me había pasado en el colegio, desde los doce hasta prácticamente los dieciocho años. Llevé esa situación en completo silencio, junto con otros momentos de esa misma época en los que, sin dar detalles, sentí que mi vida estaba en peligro, así como la de otros.

La adolescencia, con sus desafíos y momentos de soledad, puede dejar cicatrices que parecen insuperables. Sin embargo, reconocer estas heridas es el primer paso para poder amarte y amar de forma sana.

Permítete sentir la compasión por esa adolescente que fuiste y entiende que tu dolor es válido. Aunque el camino hacia la recuperación puede ser arduo, cada paso que das te acerca más a la autenticidad y la seguridad interna que mereces.

No desesperes, en el próximo capítulo comenzamos la segunda parte de tu camino. Exploraremos cómo podemos empezar a transformar ese dolor en fuerza y resiliencia a través de ti y tus parejas románticas. Recuerda, tu historia es única y tu capacidad para sanar es inmensa.

Ejercicio 4: Transformando las creencias limitantes que aprendiste en tu infancia y reforzaste en tu adolescencia

Las máscaras crean diálogos internos que nos limitan y definen nuestra realidad. Escribe en la siguiente tabla qué creencias limitantes has ido creando a lo largo de tu infancia y adolescencia, y qué creencias positivas poderosas podrían ayudarte a transformarlas. Crea un mantra desde estas creencias positivas y repítelo tres veces al día observando cómo se siente tu cuerpo. Yo te muestro algunos ejemplos y tú continúas:

Creencia limitante	Creencia poderosa	Mantra
No valgo.	*Yo valgo.*	*Me declaro valiosa y me acuerdo de todas las cosas que he logrado por pequeñas que sean.*
Soy fea.	*Estoy bien como soy.*	*Mi valía no depende de ser perfecta, sino de ser yo misma con mis imperfecciones.*
No merezco amor.	*Merezco cosas buenas.*	*Tengo derecho a merecer; lo que me contaron no es la realidad.*
Soy débil.	*Soy poderosa.*	*Tengo miedo y tal vez me falten recursos, pero tengo el poder de aprender y valerme por mí misma.*

Soy un fracaso.	*Soy algo más que éxito o fracaso.*	*El fracaso no existe, depende de la expectativa. Así que la ajusto y dejo de lado el resultado.*
No confío en mí.	*Confío en mis capacidades.*	*Escuché demasiadas veces que no iba a conseguirlo, pero sé que puedo. Me recuerdo cuántas veces pude.*
Tengo la culpa.	*Hice lo que pude.*	*No soy mala ni buena. Tengo derecho a defender mis necesidades, no soy una ONG.*
No puedo protegerme.	*Puedo defenderme.*	*Lo que pasó fue horrible y allí no tuve herramientas. Ahora puedo defenderme y voy a pensar cómo.*
Soy invisible.	*Hay cosas en mí por las que merezco que me vean.*	*Para muchas personas seré invisible y para otras imprescindible. No puedo ser importante para todo el mundo, pero sí para mí misma.*

Ahora sigue tú...

Segunda parte

LA CLAVE PARA SANAR: TUS RELACIONES DE PAREJA

CAPÍTULO 5

CÓMO LAS RELACIONES DE PAREJA PUEDEN ACERCARTE O ALEJARTE MÁS DE TI

Hasta este capítulo, y a modo resumen, hemos visto que desde niños renunciamos a nuestra autenticidad para no perder el vínculo con nuestros padres. Creamos máscaras para protegernos del dolor y del rechazo del otro en el vínculo, y las experiencias adolescentes refuerzan todo esto. Pero, también, como otras experiencias positivas nutren nuestro sistema nervioso de seguridad y palian o reparan el trauma o partes de este.

Lo mismo sucede en la vida adulta. **Las experiencias que vivimos en nuestras relaciones pueden acercarnos más a nosotros mismos o alejarnos de nuestra esencia.** Dependerá de lo capaces que seamos de transformar el dolor que se genera en ellas. Si lo utilizamos para hacer autocrítica, tomar responsabilidad y sanar; o, por el contrario, para victimizarnos y echarle la culpa al otro.

La dependencia emocional como forma de escapar del dolor

Antes de entrar de lleno en la materia, hay algo importante que debes tener en cuenta sobre la dependencia emocional: todos somos seres de apego y es natural que necesitemos a los demás. Somos mucho más felices al lado de otra persona y la verdad es que de vez en cuando lo necesitamos para sentirnos bien. ¿O es que siempre regulas tú sola tu malestar? ¿No acudes a tu mejor amiga para que te consuele cuando tienes un problema?, ¿o a tu pareja? ¿Serías feliz viviendo completamente sola, sin contacto con nadie? Si has respondido que sí, igual tenemos que revisar cómo ha sido tu infancia y si has podido depender de tus cuidadores primarios o has tenido que forjarte una máscara de autosuficiencia.

Cuando hablamos de dependencia emocional, es importante tener en cuenta un concepto clave: la adicción. Sí, la dependencia emocional es la adicción que tenemos hacia las personas. ¿Por qué? Porque si no tenemos a alguien que nos demuestre que nos quiere, eso nos pone en contacto con toda nuestra porquería interna. ¿Os acordáis de las creencias limitantes?, ¿las heridas emocionales? «No soy querible, soy fea, no valgo, con quién voy a conectar…». El dolor de haber sido abandonada de pequeña, rechazada, humillada… Todo eso sigue ahí, en tu cuerpo, en tu sistema nervioso.

Ese dolor es terrible, y el ser humano es un experto en evitarlo por pura supervivencia. Y es que **¿a quién le gusta el dolor emocional? Por eso utilizas inconscientemente a las personas para huir de lo que te duele. Y no te das cuenta de que, en esa huida, no eliges bien a la persona que tienes en frente.**

Tienes tanta sed de amor, tanto miedo de conectar con tu dolor, que acabas con alguien que te hace daño. Pensamos que el otro es la persona de nuestra vida, que sin él o ella no somos absolutamente nada, y que por supuesto no encontraremos a nadie parecido que nos quiera y a quien «queramos» de la misma manera. El resultado es que vivimos en una lucha eterna en la que tratamos de cambiar al otro, porque no nos gusta realmente por diferentes motivos. El coste es muy alto, ya que vivimos en una prisión renunciando a nuestra libertad, dignidad y felicidad.

Paradójicamente, aunque el otro no te dé lo que necesitas, te desconecta de tu dolor original. De tu herida primera infantil. Tapa un poquito tu vacío. ¿O en realidad lo hace más grande? ¿Cómo lo ves tú? Vuelves a toparte con tus heridas, con los mismos escenarios una y otra vez.

Ejemplos de dinámicas que pueden darse fruto de las heridas de la infancia:

- Si tenías miedo a ser abandonada, das con un chico no disponible emocionalmente que no te escucha ni empatiza o que no quiere comprometerse.
- Si tenías miedo a ser humillada, das con un chico que te tacha de dramática e intensa.
- Si tenías miedo de sentirte mala persona y cuidas a todo el mundo, das con un chico adicto o problemático.
- Si tenías miedo de no sentirte reconocida, das con un chico que te tiene como segundo plato.
- Si tenías miedo a sentirte traicionada, das con un chico que te es infiel.
- Si tenías miedo a sufrir una injusticia muy grande, das con un chico que comete los actos más injustos y crueles contigo.

La dependencia emocional surge entre dos almas heridas que buscan lo mismo: amor, pero de maneras opuestas. Mientras una necesita intimidad, la otra necesita distancia; una necesita adorar, mientras que la otra, ser adorada.

Como te contaba, somos seres sociales y necesitamos a los demás para sentirnos bien. Entonces ¿dónde está el límite entre la dependencia emocional sana y la adicción al otro?

Algunos síntomas que indican que hay una excesiva dependencia emocional son:

- Sentir emociones excesivamente intensas de alegría, rabia y tristeza al mismo tiempo.
- Tener baja autoestima, sentir celos, desconfianza e inseguridad de la pareja, angustia o nerviosismo cuando tu pareja te da señales de que algo va mal, o no te escribe, o no contesta a tus mensajes.
- Necesidad de cambiar al otro en muchos aspectos que no te gustan, especialmente los que para ti son valores nucleares.
- En casos graves, sufrir maltrato psicológico o físico.
- Miedo intenso a la soledad y al abandono.
- Dar absolutamente todo por tu pareja sin ser capaz de poner límites.
- Sentirte vacía cuando dejas de ver a tu pareja, con emociones muy intensas y desagradables.
- Haber dejado la relación y retomarla en varias ocasiones.
- Elegir perfiles de hombres narcisistas, egoístas o poco empáticos, con los que te resulta difícil hacerte entender.
- Sentir que quieres salir de la relación, pero no puedes.
- Autoengañarte. Contarte que hay cosas buenas por las que te quedas, pero claramente las malas pesan mucho más porque te llevan a renunciar a ti.
- El elemento clave que ya conoces: haber tenido una infancia o

adolescencia marcada por ausencias, abandonos o malos tratos. En definitiva, haber tenido trauma en algún grado.

Me preguntarás: «Pero, Isaac, ¿y cómo se combina todo esto con los estilos de apego que vimos en el capítulo 2? ¿Los estilos de apego me acercan al dolor o me llevan a seguir huyendo de él?».

El apego inseguro adulto alimenta la dependencia emocional

En el capítulo 2 te daba algunas pinceladas básicas sobre los estilos de apego, sobre todo haciendo referencia a la infancia. Ahora quiero hablarte un poquito sobre los estilos de apego que se dan en la edad adulta, en especial en el ámbito de la pareja.

Básicamente, se distinguen estos cuatro tipos de apego:

- Apego seguro.
- Apego inseguro ansioso-ambivalente.
- Apego inseguro evitativo.
- Apego inseguro desorganizado.

Veamos cómo se manifiesta cada uno de ellos.

¿Cómo es un estilo de apego seguro en las relaciones de pareja?

Este tipo de apego se manifiesta con los siguientes signos:

- **Seguridad sentida, fisiológica y vincular.** Esto quiere decir que no te abruman las señales de que tu pareja está distante, poco afectivo o enfadado. Y que, si algo te preocupa, puedes hablarlo de manera asertiva, calmada, coherente y eficiente.

Además, también puedes irte de las relaciones que no te dan lo que necesitas porque sabes y sientes que, con lo que vales, encontrarás algo mejor.

- **Coherencia en las conductas.** Si estás enfadada o triste con tu pareja, se lo comunicas abiertamente en lugar de buscar formas indirectas de recuperar la cercanía y la intimidad en la relación, como dejar que adivine tu pensamiento o estar callada todo el día para que te «quiera» y luche por la relación y todo lo que le importas.
- **Comunicación asertiva de necesidades y límites.** No reprimes tus emociones y las necesidades que están detrás de ellas por miedo al abandono o por sentir que no lo mereces.
- **Apertura emocional.** No te da miedo abrirte al otro, te encanta la intimidad emocional y hablar de tus conflictos, heridas o temas profundos.
- **Toma de decisiones de manera meditada y sin impulsividad.** La seguridad en tu sistema nervioso no te lleva a tener respuestas de supervivencia rígidas y pasadas de rosca como la lucha, la huida o la congelación.
- **Flexibilidad.** Entiendes que, por ejemplo, si tu pareja tiene un mal día tiene derecho a sentirse mal y que puedes apoyarlo. No asumes que por eso no eres importante o que él es un egoísta. Eres flexible en tus pensamientos, emociones, acciones contigo y con los demás.
- **Comodidad en la cercanía.** No te importa pasar tiempo con tu pareja porque sientes que no es una amenaza, una invasión hacia tu persona o algo que pueda hacerte daño.

- **Ausencia de miedo al compromiso.** Tienes claro que estás alineada con tu pareja en proyectos a largo plazo y además te hace ilusión.

¿Cómo es un estilo de apego inseguro ansioso-ambivalente en las relaciones de pareja?

Este tipo de apego se da más en mujeres y se caracteriza por las siguientes dinámicas:

- Buscas un alto grado de intimidad en la relación por el miedo a que el otro se vaya.
- Te muestras insegura y con miedo al rechazo o al abandono. En general, vives en un estado de alerta constante, te hiperactivas emocionalmente con facilidad ante cualquier sensación de distancia afectiva por parte de tu pareja.
- Recurres a estratagemas para llamar la atención o recuperar la seguridad en la relación, por lo que es bastante común en ti, de forma inconsciente, demandarle atención y cariño mientras desapareces varios días para que te busque, hacerle sentir celos con otros para que ponga en ti más atención, etcétera.
- Tienes dificultades para expresar necesidades, esperas que sean adivinadas.
- Tiendes a tomártelo todo como algo personal. A veces es el otro y sus circunstancias.
- Te preocupa el futuro de vuestra pareja y temes que se acabe, desconfías.
- Te hiperadaptas al otro y puedes llegar a dejar tus necesidades de lado.

- En casi todas las situaciones de vulnerabilidad necesitas estar cerca de tu pareja y tener controladas todas las señales de miedo o abandono existentes en tu relación.

¿Cómo es un estilo de apego inseguro evitativo en las relaciones de pareja?

Este tipo de apego, más frecuente en hombres, se caracteriza por las siguientes dinámicas:

- No se sienten cómodos en momentos muy íntimos, tienden a poner distancia. La intimidad es un recuerdo de lo peligroso que fue abrirse en una familia en la que no se hablaba de emociones ni se expresaba la vulnerabilidad, por eso la rehúyen. Por tanto, tienden a utilizar la respuesta de huida en sus relaciones, se alejan del otro y apagan las emociones de conexión con él porque se abruman. Envían mensajes confusos. Por ejemplo: te dicen que te quieren mucho, pero luego no quedáis en dos semanas.
- Ansían una relación ideal y desean desesperadamente encontrar a su alma gemela. Todo el tiempo que se imaginan a la princesa o príncipe perfecto, se aseguran de que la relación no vaya a fracasar, aunque paradójicamente ellos mismos comiencen a sacar defectos pronto para autosabotearla y no hacerse daño.
- Sugieren que eres demasiado dependiente o emocional. Tienen la idea de que eres muy dramática o de que eres una lapa, que no sabes hacer tus propios planes sola o con tus amigas. Siente que lo necesitas.

- Valoran en exceso su independencia. Su trabajo, sus amigos, sus planes, sus cosas. Si se sienten invadidos en alguna de estas áreas, se alejarán de ti o te menospreciarán.
- Les cuesta hablar de qué hay en la relación porque eso implica compromiso, intimidad y volver a tocar sus más profundos miedos.
- Establecen reglas rígidas en sus relaciones, de forma que sean lo más perfectas posibles y así protegerse del daño que se les pueda ocasionar.
- Cuando se sienten tristes, desconectan de su pareja. No saben comunicar sus emociones y ven esto como algo inapropiado, de débiles o dependientes. Por eso hipoactivan su sistema nervioso, se alejan de sus emociones y prefieren tener tiempo y espacio para ellos mismos.

¿Cómo es un estilo de apego inseguro desorganizado en las relaciones de pareja?

- La persona manifiesta conductas contradictorias. Por ejemplo, demanda atención, pero la rechaza cuando se produce el acercamiento. O idealiza a la persona y su relación, y a los pocos días la demoniza. Sus parejas sienten confusión porque no suelen saber qué esperar o qué necesitan.
- Se sienten inundados por sus emociones o desconectados de ellas. O se hiperactivan y sienten mucha ansiedad, o de repente se hipoactivan y no sienten absolutamente nada. Si se hiperactivan pueden tener estallidos de intensa ansiedad o miedo, o desactivarse por completo y mostrarse fríos. En ocasiones se mues-

tran agresivos o violentos en el seno de la relación o consigo mismos (se humillan). Especialmente cuando sienten que el otro les puede hacer daño. Por lo que a veces también entran en colapso y viven las relaciones desde la respuesta de lucha o huida.

- A veces pueden ser completamente complacientes y sumisos. Lo entregan todo por su pareja olvidándose de ellos mismos. Idealizan los comportamientos abusivos de la pareja y los normalizan. Dependen por completo de su pareja o del otro para poder regularse emocionalmente. Sienten que sin el otro no son nada.
- No saben qué sienten o qué necesitan, se bloquean. Entran muy fácil en la respuesta de la congelación. Pueden pasarse días en la cama o activos con la sensación de que son como robots, al mismo tiempo que se agobian por las sensaciones de malestar que no desaparecen.
- Su historia familiar está marcada por la violencia, el abuso o la agresión parental a la par que vivieron escasos momentos de afecto. Sus figuras de cuidado eran, a la vez, sus figuras de terror. Por eso tienen una representación caótica y contradictoria de las relaciones, como si una persona fuera varias al mismo tiempo: la que les quiere, la que les pega, la que les da miedo, la que les genera rabia, la que les genera decepción, etcétera. Sus mundos internos están fragmentados y nada conectados entre sí, lo que les impide ver a esa persona en una gama de grises, con sus cualidades o defectos. Para ellos, las personas son malas o buenas.

En el siguiente cuadro resumo los estilos de apego adultos y su relación con los patrones de regulación emocional, activación del sistema nervioso (SN), construcción de la realidad y proximidad con la figura de apego. ¿De qué te das cuenta? ¿Los estilos de apego refuerzan más tu inseguridad o te alejan de ella?

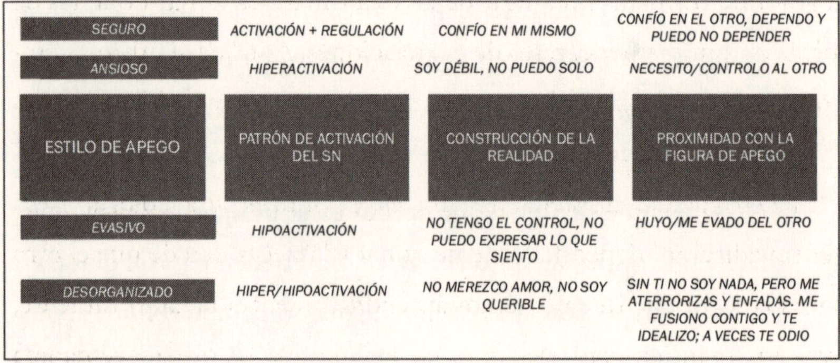

ESTILO DE APEGO	PATRÓN DE ACTIVACIÓN DEL SN	CONSTRUCCIÓN DE LA REALIDAD	PROXIMIDAD CON LA FIGURA DE APEGO
SEGURO	ACTIVACIÓN + REGULACIÓN	CONFÍO EN MI MISMO	CONFÍO EN EL OTRO, DEPENDO Y PUEDO NO DEPENDER
ANSIOSO	HIPERACTIVACIÓN	SOY DÉBIL, NO PUEDO SOLO	NECESITO/CONTROLO AL OTRO
EVASIVO	HIPOACTIVACIÓN	NO TENGO EL CONTROL, NO PUEDO EXPRESAR LO QUE SIENTO	HUYO/ME EVADO DEL OTRO
DESORGANIZADO	HIPER/HIPOACTIVACIÓN	NO MEREZCO AMOR, NO SOY QUERIBLE	SIN TI NO SOY NADA, PERO ME ATERRORIZAS Y ENFADAS. ME FUSIONO CONTIGO Y TE IDEALIZO; A VECES TE ODIO

El apego y su relación con el sistema nervioso autónomo

Una vez conocidos los estilos de apego, es posible que te reconozcas en uno o en varios, y que empieces a atar cabos sobre por qué fueron como fueron ciertas relaciones que hayas podido tener en el pasado.

Es momento de hablar de nuestro gran aliado el sistema nervioso autónomo, que influye profundamente en cómo te has sentido en tus relaciones y en la forma en que te vinculas con los demás.

¿Recuerdas cuando hablamos del sistema nervioso autónomo (SNA) en el capítulo sobre el trauma? ¿De qué manera se enlaza tu SNA con tu estilo de apego adulto y con la dependencia emocional?

La inseguridad en tu sistema nervioso radica en tu infancia y, al ser ese el patrón familiar, se extiende al resto de tus relaciones posteriores. Digamos que, desde pequeña, y en tu edad adulta, aprendes a hacer de la inseguridad tu aparente «seguridad»; aunque, por otro lado, sigas buscando la verdadera seguridad.

Vaya lío, ¿no? Esto quiere decir que, si has aprendido a luchar por el amor de tus padres o a huir de él, esta dinámica la reproducirás de forma automática en el resto de tus relaciones. Aunque al mismo tiempo no quieras luchar o huir, sino que alguien te quiera de forma predecible, amable y serena.

Pero recuerda, tu sistema nervioso elige por ti, es pura biología. Y eso genera adicción, dependencia emocional y la necesidad de que el otro cubra la seguridad que no hemos aprendido a sentir. Paradójicamente, esto nos mantiene en relaciones en las que esa seguridad verdadera nunca termina de hacerse efectiva, porque en ellas replicamos la inseguridad de nuestros modelos de relaciones infantiles.

- **Si tienes un estilo de apego ansioso:** suele desarrollarse la estrategia de la lucha. En este caso lo que más se nos activa es la rama simpática del SNA y para nuestras «tripas» las relaciones son difíciles, hay que luchar por ellas y no podemos estar en calma. Por tanto, cualquier señal por parte del otro que implique rechazo, distancia o abandono, será motivo de hiperactivación en nuestro SNA. Sentiremos, por ejemplo, ansiedad, miedo, o rabia. Esto nos llevará a utilizar estrategias de control del otro, como chequear cuántas veces te da los buenos días o se conecta a WhatsApp, cuántes veces está cariñoso o arisco, cuánto tiempo os veis o dedica a la relación.

- **Si tienes un estilo de apego evitativo:** sientes que no puedes conocer a chicos o chicas porque tienes miedo a que descubran esa parte que consideras «horrible» de ti. Esto te mantiene en un constante estado simpático de huida, lo que te impide comprometerte o te aleja de todo atisbo de intimidad porque te asusta mostrar tu vulnerabilidad.
- **Si tienes un estilo de apego ansioso-evitativo o desorganizado:** puedes sentir que las relaciones son una continua amenaza para ti, a pesar de necesitarlas a toda costa. Sientes que sin esa persona no eres nada. Sientes que más vale estar con alguien que te quiere poco y mal que estar sola, porque piensas que quién te va a querer a ti. Aquí estamos en la rama vagal-dorsal del SNA y no hay escape aparente. No solo luchas o huyes, sino que también te sometes. Adoptas la estrategia de supervivencia de la congelación de forma continuada. Estar en este estado de forma crónica, alternando con estados de lucha y huida, multiplica las probabilidades de caer (y permanecer durante años) en relaciones de abuso narcisista o vínculos que simplemente no nos dan lo que necesitamos. ¿Por qué? Porque ves al otro de forma dual. ¿Lo recuerdas? Ellos son fuente de afecto y de terror al mismo tiempo. Quedas atrapada en un ciclo interminable de alejamiento, queja y dolor, pero no logras salir de el, pues en el fondo no puedes vivir sin esa persona. ¿Qué perfil psicológico tiene más papeletas para despreciarte y, al mismo tiempo, valorarte como si nada al día siguiente? Exacto, los narcisistas. De ellos hablaremos más adelante.

El círculo vicioso: tú le pides intimidad y él se aleja

Uno de los tipos de dependencia más comunes tiene que ver con el juego que se establece entre dos sistemas de apego distintos que se acercan y se alejan eternamente.

Si recuerdas, una persona con apego inseguro ansioso-ambivalente destaca por su gran miedo al abandono o al rechazo emocional, lo que la lleva a hacer todo lo posible para no perder al otro. La manera de gestionar este miedo pueden ser las conductas de protesta, que son comportamientos que se llevan a cabo para reestablecer el contacto con la pareja y llamar su atención. El otro, que suele tener un estilo de apego evitativo, gestiona su propio miedo al abandono emocional o al rechazo desde la distancia o la desconexión emocional.

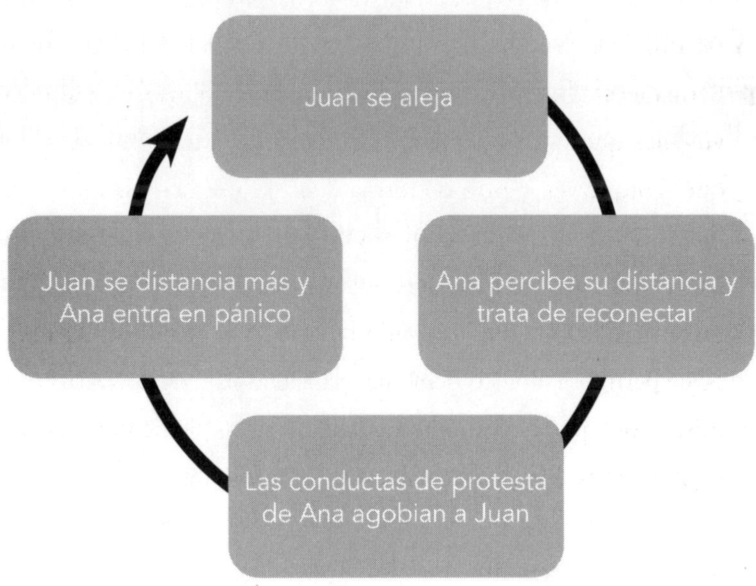

Fíjate en la imagen. En ella vemos cómo, cuanto más se acerca y controla el apego ansioso (cuanto más lucha), más se aleja y se desconecta el apego evitativo (más huye). Y así en un eterno bucle.

Este patrón, descrito por Levine, se denomina «trampa ansioso-evasiva», es uno de los más comunes en la dependencia emocional y tiene una base biológica. Las «migajas» de seguridad que te va dando la persona que tiene apego evitativo te generan un chute dopaminérgico momentáneo, pero pronto te das cuenta de que no son suficientes. Esto te impulsa a buscar más de esas migajas de amor, creando un ciclo de adicción emocional.

Este ciclo perpetúa la dependencia emocional, manteniéndote en una constante búsqueda de aprobación y amor, a pesar del sufrimiento que conlleva. Es, de hecho, justamente lo que te pasaba de pequeña cuando tus padres no estaban emocionalmente disponibles para ti de forma consistente.

Como puedes ver, si la dependencia emocional ya era complicada de por sí por todos los conflictos y heridas emocionales que subyacen en ella, ahora todo es mucho más complicado si añadimos los estilos de apego.

Es por esto por lo que digo que **el estilo de apego inseguro no solo se activa de forma individual, sino que responde a otro sistema de apego que lo activa**. Podemos decir que la activación es simultánea.

Si una persona con apego inseguro recibe dosis de apego seguro, salvo que la inseguridad no sea demasiado grande, pasa a recalibrar su sistema de apego inseguro a uno seguro. Sin embargo, si el apego ansioso se siente inseguro de por sí, esa inseguridad se va a acrecentar ante un estilo de apego evitativo que marque distancia para protegerse.

Igual pasará con el estilo de apego evitativo, pues el exceso de intimidad del apego ansioso le generará mayor distancia, y, por tanto, mayor inseguridad en las relaciones.

¿Pero la dependencia emocional ansioso-evasiva es el único tipo dependencia emocional insana? A continuación veremos que no.

Depender también es cuidar compulsivamente o luchar por cambiar al otro

Dentro de la dependencia emocional, nos encontramos con algunos subtipos. Yo voy a hablarte de los que son más interesantes para mí y he visto que se repiten entre mis pacientes:

- **Dependencia emocional víctima.** En este tipo de dependencia emocional, que es la más común, la persona siente que tiene poca autoestima y se somete al otro con tal de obtener dosis de amor, aunque sean muy pequeñas y vengan combinadas con maltrato físico o emocional.

  Esta dependencia tiene su origen en padres demasiado críticos que no validan la autoestima del niño o, como ya sabes, padres que no han estado emocionalmente disponibles del todo, o, padres sobreprotectores que le generan miedo y falta de autonomía y recursos. También puede originarse si uno de los padres es víctima de una pareja agresiva y dominante (de forma explícita o sutil). Como resultado, el niño se convierte en una víctima de adulto que depende de los otros para manejarse en el mundo. Por ello, repite relaciones con apegos evitativos o personas egoístas y poco empáticas.

- **Dependencia emocional salvadora.** Este tipo de dependencia emocional tiene mucho que ver con el rol de cuidadora. La persona ha aprendido que solamente puede sentirse querida si cuida de los demás. Este sentir procede de infancias en las que hubo un intercambio de roles: los padres eran los niños y los niños eran los padres (otro ejemplo es que la madre cuidaba al padre y no pensaba en ella misma). Así aprendió a centrarse en las necesidades emocionales de los demás dejando de lado las suyas. Parece que solo da con «niños en cuerpos de hombre», es decir, hombres con adicciones, problemas económicos, emocionales, etcétera.
- **Dependencia emocional persecutoria.** En esta dependencia, la persona se identifica con este rol si está constantemente exigiendo a su pareja que cambie. En su infancia aprendió que si se quejaba, montaba rabietas o insistía, sus cuidadores por fin la «miraban» y obtenía lo que necesitaba (o quizá vio esta dinámica entre ellos como pareja). Por tanto, ha interiorizado que si presiona, exige o incluso humilla a su pareja puede que cambie y le dé lo que necesitas.

Por ejemplo, puedes acabar por asfixiar a alguien con apego evitativo para que sienta sus emociones y así valide las tuyas. Pero esa persona no es capaz de hacerlo porque le aterra la intimidad. En lugar de irte, la anulas, le dices que es inmadura, que tiene que ir a terapia y que el problema lo tiene ella. La cuestión es: ¿lo tiene ella o lo tienes tú porque no eres capaz de aceptar que no puede o quiere cambiar y que, por tanto, debes irte?

¿Te has visto identificada en alguno de estos tipos de dependencia emocional?

Te contaré lo que subyace en cada uno de ellos en el siguiente capítulo.

Cuando el cariño se vuelve adicción: la herida de culpa y de valía

Anularte y quedarte en lugares en los que se te quiere muy poco, pero al menos te quieren algo. Darlo todo, entregarte y cuidar a la otra persona, y que no exista reciprocidad. Leyendo el capítulo anterior, es probable que en algún momento hayas sido la mamá de alguna de tus parejas. Yo también lo fui. ¿Por qué? Porque era adicto al rol de papá.

Durante el noviazgo con una de mis parejas más duraderas eran muchas las ocasiones en las que me sentaba con él largas tardes a «explicarle la lección». Su madre siempre le había hiperprotegido y había tenido tendencia a resolverle la vida. Aunque paradójicamente era un chico aventurero y viajando sacaba todos sus recursos, era un auténtico caos en el área de la planificación, el estudio, el autoconocimiento para saber qué estudiar o cómo organizarse el tiempo.

Mejor ni hablamos del aspecto emocional; ahí era un niño en un cuerpo de hombre. Me pasaba horas discutiendo con él para hacerme entender. Era como si yo fuera invisible para él, incapaz de darse cuenta de por qué me sentía triste o enfadado por determinadas cosas. Entonces yo le enseñaba el significado de las emociones; las necesidades subyacentes; la empatía; el «no necesito que me des un consejo cuando te cuento un problema, sino un abrazo». Lo peor es que me sentía culpable si no lo ayudaba a ser mejor persona, si no lo cuidaba para que evolucionase. Aunque, por otro lado —aquí está el juego adictivo—, creía sentirme plenamente amado cuando lo cuidaba y lo ayudaba.

La herida de culpa nos lleva a considerarnos una ONG con patas y a ver a los demás como personas que siempre necesitan de nuestra ayuda. Nos contamos la historia de que somos superbuenos y generosos, pero en realidad estamos comprando amor a través de «actos de servicio».

Esta herida proviene de padres que han invertido los roles familiares. Los padres se relacionan desde un estado de niños vulnerables y los hijos, percibiendo dicha vulnerabilidad, se convierten en niños adultizados o en padres de familia.

Ejemplos de padres que transmiten esta herida a sus hijos:

- Padres que piden ayuda casi todo el tiempo para realizar cualquier gestión o resolver problemas de la vida cotidiana.
- Padres que utilizan a los hijos para desahogarse emocionalmente, contándoles todas sus penurias y malestares.
- Padres que se victimizan para llamar la atención, generando culpa en el otro. Un ejemplo de esto son las madres a las que les duele siempre cualquier parte del cuerpo y necesitan atención médica «urgente».
- Padres que triangulan. La triangulación es un juego psicológico en el que al niño se le incluye en asuntos y temas, que, *a priori*, no deberían ser de su incumbencia. Por ejemplo, si uno de los hermanos se porta mal o saca malas notas, la madre o el padre llaman al hijo adultizado para que haga de padre con él, lo regañe o busque una solución.

- Madres que se divorcian de sus maridos y sienten un vacío afectivo que no saben cómo llenar. Utilizan a sus hijos para que reemplacen el hueco que les ha dejado su marido. Además, tratan de que sus hijos realicen muchas actividades con ellas: las lleven de viaje, vean series juntos en casa, etcétera.
- Familias en las que hay un hermano con sintomatología grave (ya sea física o emocional) o discapacidad. La dificultad de los padres para encontrar tiempo y su desbordamiento emocional provocan que el hijo sano, para sentirse visto y querido, asuma un rol de cuidador o papá de su hermano/a que claramente no le corresponde.
- Padres que culpan constantemente al hijo de todos sus comportamientos: «Eres un hijo malo; desobediente, me causas sufrimiento», etcétera.

En mi familia tendían a tratarme como paloma mensajera. Las dificultades en la comunicación que existían entre mis padres tras su divorcio me colocaron en una posición complicada, incluso años más tarde en mi vida adulta. Sentía que tenía que hacerme cargo de la angustia de ambos y me culpaba cuando no los escuchaba o ellos sufrían por temas que no me incumbían. Por otro lado, mi abuela, al ser una cuidadora nata, me había transmitido la importancia de plegarse a los deseos del otro pasase lo que pasase.

La herida de culpa se combina con la herida en la valía, ya que muchas de nosotras aprendimos a sentir reconocimiento por parte de quienes cuidábamos. Pero hay más conflictos subyacentes. En la herida de valía aparecen rabia y vergüenza muy intensas que se activan cuando no nos sentimos valorados por el otro. La rabia está muy conectada con la frustración, la envidia y sentimientos profundos y dolorosos de insuficiencia. Así que, cuando nos sentimos validados por alguien, se nos genera tal chute de dopamina que nos olvidamos de lo poquita cosa que nos hemos sentido a lo largo de nuestra vida.

La herida en la valía procede de padres que no han podido valorarnos como necesitábamos. O, por el contrario, padres que nos han valorado tanto por nuestros éxitos que nuestra identidad se reduce a dichos logros; y, por tanto, no sabemos quiénes somos más allá de esto. El ansia por conseguir más y más sin descanso nos lleva a un eterno sentimiento de insuficiencia. El resultado es que en nuestra personalidad hay una herida de reconocimiento vinculada a un narcisismo de piel fina o secundario. Esto se traduce en una autoestima frágil y la necesidad de sobrecompensar esa fragilidad tapándola con perfección en otras áreas (en el capítulo siguiente te contaré de qué tratan ambos conceptos más en profundidad).

En casos graves, se da en padres perversos narcisistas o psicópatas que entienden que los hijos son una prolongación de ellos mismos.

Esta herida se observa de manera especial en familias en las que los nombres de los padres son idénticos a los de los hijos. Los nombres tienen mucha simbología en psicología. Los hijos de estos padres suelen desarrollar un narcisismo primario o maligno similar al de sus progenitores (creen que «el otro es una mierda y yo estoy por encima de todo»), o un narcisismo secundario (caracterizado por una autoestima muy frágil que sobrecompensan pisoteando al otro).

La herida de la valía a menudo remite a una etapa escolar en la que los profesores o compañeros atentaron contra nuestra autoestima. Tiene mucho que ver con la herida de humillación. De hecho, la herida de humillación es un extremo grave de este tipo de herida.

Ejemplos de padres que transmiten esta herida a sus hijos:

- Padres que valoran a sus hijos por los logros que consiguen en diferentes ámbitos, especialmente el académico. Su lenguaje no verbal es de rechazo cuando las notas no son las esperadas, suficientes o no se está aprovechando el tiempo realizando «cosas».
- Padres que castigan los momentos de ocio, relax o disfrute. Por tanto, fomentan la intolerancia al afecto positivo.
- Padres que tienen profesiones de «alto *standing*», relacionadas con campos como, por ejemplo, medicina, ingeniería o funcionariado. También puede ser a la inversa, padres que no tuvieron la oportunidad de estudiar y por eso proyectan toda esa exigencia y necesidad de logro en los hijos.
- Padres que en las comidas familiares sienten la necesidad de establecer debate, quedar por encima y así sentirse orgullosos. Este comportamiento aparece más en el género masculino.
- Padres que comparan a unos hermanos con otros, polarizándolos. Uno suele ser el hermano o hermana «perfecta» y el otro, el mediocre. En muchos casos esto no se expresa con mensajes verbales explícitos del tipo «tú eres peor que tu hermano»; pero sí hay un favoritismo encubierto hacia uno de los hermanos, al que valoran más su forma de ser o hacer, sus estudios o trabajo, etcétera. En mi caso, como te comenté en los capítulos iniciales, sentí que tenía que ser un niño de oro dentro de mi familia. Bien peinado, bien vestido, con buena vocalización, que sacase las mejores notas… En mi familia materna la perfección ha

> sido escudo y mandato familiar, y aunque estoy agradecido porque esto me ha permitido llegar lejos, por otro lado, a veces termino agotado. En muchas ocasiones me ha impedido disfrutar del proceso porque me fijaba siempre en lo negativo a mejorar y no en lo que lograba. Y con las parejas, ni te cuento la de quebraderos de cabeza que me ha dado esta manera de ser.

Recuerdo que en otra de mis relaciones serias mi personalidad era uno de los principales temas de conversación. Mi pareja me lanzaba comentarios sutiles pero muy críticos de mi cuerpo, incluso de mi parte femenina. Se repetía la historia una vez más, pero de forma menos severa. Mientras que mi primera pareja me invalidaba de forma explícita, la segunda lo hacía de forma más sibilina.

Además, su obsesión por ser perfecto en su trabajo, en su forma de vestir o peinarse me recordaba a mi obsesión con la perfección. Era tan sumamente ideal en todas sus facetas que eso me generaba rechazo. Yo sentía que no estaba a su altura. Si bien es cierto que le faltaba mucha iniciativa a la hora de hacer planes o viajar, por ese miedo a no ser capaz y a no sentirse valioso haciéndolo.

Sumado a lo anterior, notaba que mi pareja no era del todo auténtica. Le veía comedido, miedoso, poco espontáneo. Cualquier muestra de espontaneidad por mi parte lo conectaba con el miedo al ridículo, y eso me cohibía para ser yo mismo. Soñaba, además, con tener una familia heteronormativa perfecta. Sin darse cuenta, creo que estaba huyendo de su propia esencia homosexual y del mundo en el que vivía. Al final, él estaba huyendo de su herida en la valía, entre otras cosas… Había acorazado su corazón con las barreras de la falta de espontaneidad y de la perfección. Y me estaba haciendo de espejo de lo mismo que sucedía dentro de mí.

Y claro, ¿qué hacía yo? Pues cuestionarme mi forma de vestir, arreglarme muchísimo cada vez que iba a verlo, intentar ser más masculino... Todo por el tan ansiado chute de amor. No podía vivir sin él. Sacrificaba de nuevo mi autenticidad para tener un poquito de amor y alejarme de las sensaciones internas tan dolorosas de no valía.

Ejercicio 5: Cómo ser un apego seguro adulto

Vamos a analizar todas las situaciones desencadenantes de tu apego inseguro y a trabajarlas para que puedas ir, poco a poco, actuando como un apego seguro. Te indico algún ejemplo:

Desencadenante	Tu acción insegura	Tu acción segura
«Estamos quedando mucho y todavía no sé qué somos».	*«Qué pesada soy, ya lo hablaremos». «Le pregunto varias veces qué somos, me da miedo que me deje».*	*«Le expreso con calma que tengo la necesidad de saber qué somos. Si me cuesta hablar con él por miedo a perderlo, hago unas prácticas somáticas para sentirme segura. Me recuerdo que es mejor perder a alguien ahora que estar en una relación que no quiero varios meses y perderme otra en la que todo saldría como necesito desde el principio».*

«Mi pareja es un workalcoholic y no me presta atención».	«Siento rabia. Me voy a vengar, voy a quedar con mis amigas toda la semana pasando de él».	«Utilizo mi rabia para explicarle que me siento triste y molesta porque no pasamos tiempo juntos. Hablo desde el yo, sin atacar».
«Le cuento a mi pareja que estoy deprimida y me dice que no es para tanto».	«Desde mi rabia le digo que nunca me tiene en cuenta, que tiene que cambiar e ir a terapia».	«Comunico a mi pareja que ese comentario me ha hecho daño y que estoy muy enfadada. Dejo pasar unos momentos para que se me pase y después vuelvo a hablar con él desde el yo. Le cuento que esto no puede seguir así y que necesito a alguien que escuche mis emociones sin juicios».
«Lo ha vuelto a hacer, se ha pasado todo el fin de semana de fiesta».	«Le explico que la fiesta y la droga generan adicciones y trato de hacerle entender de dónde le viene esta adicción en relación con sus heridas de infancia».	«Mi pareja no es mi hijo ni mi hermano. Él tiene que descubrir su camino. Si no cambia su adicción, tendré que plantearme decisiones mayores».
«Me está preguntando qué somos y me está generando mucho rechazo».	«Es una loca dependiente, paso de ella».	«Siento que se activa mi miedo a vincular, voy a pedirle que vayamos despacio. Si me cuesta regular mi miedo, hago alguna práctica somática hasta que me calme».
«Mi chica está sobrepasada emocionalmente».	«Qué pesada, cuánta emocionalidad, además no sé ni cómo ayudarla, le voy a decir que no es para tanto».	«Aunque para mí las emociones no sean tan importantes, entiendo que mi pareja solo necesita que la escuche y la abrace».

«Mi chica ha dejado de hablarme, seguro que es porque pasé todo el fin de semana con mis amigos».	*«No sé seguro si está enfadada por eso o por qué, voy a hacer como si nada, total, ya se le pasará».*	*«Me doy cuenta de que me da miedo el conflicto y que no quiero enfrentarlo. Trato de preguntarle si está enfadada por lo que creo y llegar a acuerdos para pasar tiempo de calidad juntos».*
«Estoy agobiado, no sé qué hacer con el problema en mi trabajo».	*«No me apetece nada llegar a casa y contárselo a mi pareja, tengo que resolverlo yo solo».*	*«Soy consciente de que no estoy agobiado, sino triste porque mi jefe no valora mi trabajo. Me recuerdo que en lugar de hablar de síntomas físicos tengo que pararme a pensar si siento ansiedad, tristeza, miedo, rabia o cualquier otra emoción. Me doy el permiso de hablarlo con mi pareja, seguro que me ayuda a regularme».*
«Ella sabe de todo: cultura, cocina, emociones...».	*«Uf, qué agobio. Voy a demostrarle que sé cosas. Pero que no me pille en las que no sé. Tengo que ser perfecto para ella».*	*«Mi pareja no es perfecta, sabe mucho de muchas cosas, pero poco de otras. Yo sé que también puedo aportarle. No oculto lo que no sé, lo muestro y acepto y trato de nutrirme de mi pareja».*

Ahora sigue tú...

CAPÍTULO 6

UNA NUEVA ADICCIÓN: LAS RELACIONES DE ABUSO NARCISISTA

Sanar los patrones que se repiten en tu relación pasa por entender primero qué patrones son los insanos. Si recuerdas, hemos ido hablando, especialmente, de los patrones adictivos que se dan entre las parejas ansioso-evasivas de forma general; pero también los que se dan entre mamás-niños o perseguidoras-víctimas a los que cambiar para que se adapten al amor que necesitamos.

¿Pero qué ocurre cuando mezclamos el componente de abuso narcisista? ¿Esas personas que son capaces de destruirte pero amarte al día siguiente? ¿También has sido presa de esta droga tan intensa?

Lo primero que debes tener claro es qué es un narcisista y qué es el narcisismo. Porque el concepto está muy de moda y me preocupa que te haga daño o no lo uses adecuadamente en tu viaje de sanación.

Abusar de la etiqueta narcisista puede llevar a una sobreidentificación y un falso diagnóstico en este tipo de términos, especialmente cuando no son explicados de forma adecuada. Ahora todo el mundo es narcisista o apego evitativo, o hace *love bombing*... **Por un lado, todo esto nos está llevando a demonizar a los demás y, por otro, a**

no tener claro si estamos con un narcisista o no y cómo protegernos de él.

El narcisismo NO es malo

En su origen, el narcisismo es un proceso a través del cual el niño o la niña adquiere autoestima. El niño necesita exhibirse y ser egocéntrico por naturaleza, de modo que sus padres vayan reforzando sus logros y su personalidad, al tiempo que le van poniendo algunos límites y frustrando sus intentos de sobrepasarlos. La buena autoestima se adquiere a través de refuerzo positivo y límites. Es como una receta de cocina con los ingredientes en su justo equilibrio.

Por tanto, **el narcisismo no es malo, es algo que todos necesitamos para tener una buena salud mental**. Además, puedes tener rasgos narcisistas pasados de rosca y no por eso tener un trastorno narcisista de la personalidad. Los narcisistas son personas y no todos son malos o buenos; hay diferentes grados y grises en la vida. Sabiendo esto, es decisión de cada uno, dependiendo de la intención de cambio y las conductas del narcisista, quedarse en esa relación o ponerle fin.

Lo que no te han contado: hay más de un tipo de narcisista

Te diré más, de hecho, todos tenemos rasgos de uno o varios de ellos, no es un todo o nada. Algunos tipos de narcisistas, ordenados de menos a más problemáticos son:

- **Narcisista de piel fina.** Sus familiares lo han criticado duramente, incluso algunos profesores en el colegio. A veces la crítica es velada y no se verbaliza. Por ejemplo, si hay varios hermanos, los padres solo valoran a uno de ellos desde pequeño; únicamente se habla de los éxitos en casa y no se permite el fracaso.

Recuerda que el trauma puede ser muy sutil, oculto y enrevesado. El narcisista de piel fina opta por complacer y someterse; a veces se revela y exige. Se compara con los demás. Se machaca con la idea de que hay un yo ideal al que aspirar, y nunca llega a él. Así somos la mayoría de nosotros. Es el narcisismo menos problemático y tiene cura al cien por cien. Somos nuestras propias enemigas y tiene mucho que ver con querer ser la mejor en lo académico, en el ámbito personal, con el síndrome de la impostora, la ansiedad por demostrar, etcétera.

- **Narcisista secundario.** Es aquel que ha sido criticado duramente desde la infancia (en el colegio, en casa por sus hermanos...) y necesita ponerse por encima de los demás para sentirse valioso. Manifiesta las típicas conductas que ya conocemos, por ejemplo: egolatría; competir con los demás; hablar de sí mismo con alevosía; anular al otro a la par que lo hace sentir especial en algunos momentos; triangular (manipular a un tercero para que se posicione en tu contra); chantajear e invalidar emocionalmente al otro, hacer *gaslighting* (te hacen dudar de tu realidad); aislar a las personas del entorno que las rodea, hacer todo lo posible para que no puedas vivir sin él, alejarse de ti sin mediar palabra con la intención de que te sientas culpable y vuelvas (ley del hielo).
- **Narcisista negativo.** Es aquel que divide el mundo en dos bandos: él está en el de los buenos y los demás están en el de los ma-

los que quieren destruirle. Se ve mucho en política (los de izquierdas vs. los de derechas) y en otros ámbitos (los gordos vs. los flacos; los ricos vs. los pobres). Hay un odio muy intenso hacia el otro grupo, lo que impide ver más allá del grupo de pertenencia.

- **Narcisista positivo.** Es aquel que considera que todo es maravilloso y magnífico. Nada puede dañarle y siempre está bien. Él siempre lleva la razón. Es la típica persona que está en su nube de algodón impenetrable y no puede ver más allá de ella.
- **Narcisista primario.** Es aquel que ha sido endiosado desde pequeño y al que no se le han puesto límites. «Yo soy dios, el resto tienen que rendirme pleitesía». No tiene baja autoestima, sino una autoestima pasada de rosca. Suelen ser altos cargos políticos, directivos de empresa, etcétera. La curación de este narcisismo maligno es prácticamente nula, ya que no pueden ver más allá de sí mismos.
- **Narcisista perverso.** Como el narcisista primario, puede haber sido endiosado desde pequeño y es aquel al que no se le han puesto límites. Pero al mismo tiempo también suelen ser personas que han sufrido tanto en el seno familiar o escolar que han necesitado odiar y desconectar esa parte vulnerable de sí mismos y transformar el dolor en una forma de placer. Por eso suelen tener la intención de hacer daño y gozan o disfrutan de este, llegando al sadismo en muchos momentos. Su capacidad para amar es, en cierto modo, muy limitada.
- **Psicópata.** Es aquel que no muestra ningún tipo de emoción empática por el resto y es capaz de dañar sin sentir remordimientos. Al igual que en el caso del perverso, tal vez hablemos

> de personas severamente traumatizadas que han tenido que disociar o desconectar una parte vulnerable o dolorosa de sí mismos que no podían tolerar. En sus comportamientos hay sadismo y maquiavelismo siempre, y una total y completa incapacidad para amar.

Debes tener en cuenta que los narcisismos más problemáticos, desde el narcisismo primario hasta el psicópata, representan un porcentaje estadístico muy pequeño en la población. Se habla demasiado de que hay muchísimos psicópatas integrados en la población, y esto no es cierto.

En general, salvo excepciones, las personas tenemos luces y sombras, y capacidad de curación. No solo somos una etiqueta o un «narcisismo con patas». Las personas con narcisismo maligno (en todos sus grados) también son personas. Vamos a entender a los narcisistas malignos como aquellos que proyectan la competición fuera de sí mismos y utilizan estrategias para rebajar al otro.

Llegados a este punto, tal vez te preguntes: ¿el narcisismo tiene cura? Pues depende del narcisista y del grado de narcisismo. Si se sitúa en un grado muy extremo, el narcisista ni siquiera querrá tener conciencia de su problemática y le dará igual. Una de las características nucleares de los narcisistas en el extremo, como los primarios, perversos o psicópatas, es que no pueden ni quieren ver al otro. Solo les importa su punto de vista. En estos casos, la curación no es posible porque no la desean y lo único que nos queda es alejarnos de estas personas en la medida que podamos.

¿Los narcisistas también tienen apego evitativo?

¿Un narcisista maligno puede tener apego evitativo? Sí. ¿Y un apego evitativo puede ser narcisista maligno? También. Sin embargo, el apego y el narcisismo son sistemas motivacionales distintos. Por lo tanto, aunque pueden combinarse entre sí, no son lo mismo ni uno tiene por qué llevarte al otro.

Cuando una persona con apego evitativo se empieza a vincular, puede mostrar conductas de ilusión o de idealización para que la relación se vea maravillosa y haya menos riesgo de daño. Estas conductas se confunden con *love bombing*, y nada más lejos de la realidad. El *love bombing* o bombardeo de amor es más típico del narcisista secundario, primario o perverso, que busca conquistarte (con decenas de detalles amorosos falseados) para que caigas en sus redes. Ojo, los otros tipos de narcisistas, como el secundario, a veces lo hacen sin darse cuenta y sin intención de daño.

En cualquier caso, quienes tienen apego evitativo no suelen hacer *love bombing*. Solo se alejan de la relación cuando sienten presión y agobio por parte del otro, que, por tónica general, suele ser una persona con apego ansioso o con una necesidad urgente de amor, control y pasión.

En el narcisista, el alejamiento es más o menos intencionado y busca que te sientas culpable. Mientras que la persona con apego evitativo se aleja para protegerse del miedo que le da la relación, el narcisista lo hace en su propio beneficio y con intención manipulativa y no autoprotectora.

Cuando tu verdad lleva tiempo desconectada de ti, llega a tu vida alguien que lo confirma. Vuelve a sembrar la duda sobre lo que crees, eres y sientes.

¿Puedo ser yo la narcisista?

Sí, puedes tener rasgos de narcisismo de piel fina, el más típico y relacionado con el apego ansioso. O incluso mostrar rasgos de narcisismo secundario. Eso no te hace mala persona. Aquí la clave es tener claro que se quiere mejorar. ¿Cómo vas a ser una narcisista perversa o psicópata si te estás planteando serlo? Recuerda que los narcisistas malignos no pueden ver más allá de sí mismos.

Los narcisistas no son malos ni buenos, son personas con heridas, a excepción de los perversos o los psicópatas. Y tampoco son todos iguales. No podemos meter a todos en el mismo saco.

Qué se siente en las relaciones de abuso narcisista

Ahora que ya tienes claro en qué consiste el narcisismo y eres una experta en los diferentes tipos que hay, vamos a ver juntos cuáles son las características de este tipo de vínculos. Pueden darse todas o algunas de ellas, dependiendo de la relación. Cuantas más se den, más grave será el abuso narcisista.

- **La eterna duda.** En estas relaciones hay un componente nuclear: la emoción de la culpa. Todo el tiempo sientes que tu realidad es mentira. Que tú eres la que tiene el problema. Que el otro lo hace todo bien y que eres tú la que debe buscar ayuda. Incluso puedes llegar a pensar que encajas en el perfil de narcisista maligno.
- ***Gaslighting* o «luz de gas».** Relacionado con el punto anterior,

en estas relaciones el otro es especialista en darle la vuelta a los argumentos, de tal manera que evade todo tipo de responsabilidad y tú siempre eres la problemática. La manipulación es tan grande que acabas dudando de tu realidad y de lo que sientes. «Tus amigas piensan que eso que cuentas jamás ha pasado; tu terapeuta dice que...».

- **Monos voladores.** El narcisista suele aliarse con otro en tu contra para fortalecer su ataque. Ese otro puede ser incluso un amigo o un familiar tuyo. Los «monos voladores» suelen ser personas que tienen baja autoestima y se dejan subyugar por el poder del narcisista maligno, especialmente el primario.
- **El doble vínculo.** Esta es una de las tácticas más dañinas del narcisista: te hace sentir especial al mismo tiempo que lo peor del mundo. Esa persona te ama con todas sus fuerzas y te denigra, con palabras o con hechos. En estas relaciones se da humillación intermitente: es un «te quiero, pero te odio». No sabes qué esperar del otro.

La persona que te somete a este doble vínculo se convierte en una especie de máquina tragamonedas emocional, como ocurría en las dinámicas entre apegos ansiosos y evasivos. Esto activa todos los mecanismos de dopamina de tu cerebro. Cuando te toca el premio gordo y te valora, tu sistema nervioso lo recibe como la recompensa más esperada y deseada. Sin embargo, este premio es efímero y te deja ansiando cada vez más de sus migajas de amor.

Así, te encuentras atrapada en un circuito interminable, buscando desesperadamente esa validación y afecto que solo llega en pequeñas dosis, mientras soportas el dolor y la humillación que conlleva eso. Este ciclo perpetúa la dependencia emocional y te mantiene en una constante búsqueda de aprobación y amor, a pesar del sufrimiento.

- **Miedo y abuso de poder.** Los narcisistas malignos pueden hacer uso de estrategias como la retirada del afecto, la ley del hielo o del silencio, de forma que sientas miedo al abandono y vuelvas a ellos con una disculpa. Se genera en ti tal sensación de terror a la pérdida del vínculo que te desconectas más de tu enfado y tu sistema de lucha natural.
- **Abuso reactivo.** Este concepto se refiere a la tendencia a copiar las estrategias abusivas del otro. Por ejemplo, le eres infiel, le denigras o juegas al chantaje. Es un fenómeno similar al síndrome de Estocolmo. Tratas de parecerte a tu pareja para sobrevivir a esa relación.

Ahora vamos a ir un poco más allá. ¿Son estos los únicos indicadores de que estás o has estado en este tipo de vínculos? Lo cierto es que no: entran en juego también las heridas de injusticia y de traición. Veamos en qué consisten y cómo afectan a tus relaciones.

El pilar de adicción en las relaciones de abuso narcisista: las heridas de injusticia y de traición

¿Qué frase destacada en este capítulo acabas de leer? Exacto: «Cuando tu verdad lleva tiempo desconectada de ti, llega a tu vida alguien que lo confirma». Yo también estuve ahí, peleándome con un otro por ser escuchado. Me trataba de manera injusta, pero yo no terminaba de sentir esa injusticia. Me cuestionaba: ¿por qué lo hacía? ¿Cuál era el origen de mi herida de injusticia?

Yo te conté que mi adolescencia fue difícil, principalmente por el *bullying,* pero después mi situación no mejoró. Aunque el baile me salvó, mi vida adolescente también estuvo marcada por muchos cambios de domicilio. Yo solo quería permanecer en mi casa de la infancia. A pesar de que me quejaba, no se me escuchaba. Siempre sentí *gaslighting*, es decir, luz de gas. Sentí que mi verdad era mentira. Durante mucho tiempo. Que no tenía derecho a sentirme solo, abandonado o triste. Que todo eran defectos de mi personalidad. Que era demasiado exagerado o que era hipersensible. Que lo que yo había sufrido en mi infancia o adolescencia no era nada comparado con otras vivencias más duras.

¿Entendéis por qué, en el comienzo de mi vida adulta, me enganché a muchas parejas narcisistas malignas? Sí, esos chicos que juegan contigo y te colocan la etiqueta de «intenso emocional». Yo siempre estaba equivocado. Yo siempre era el loco. Yo siempre tenía el problema. Una y otra vez. Yo no soltaba esas relaciones que invalidaban mi verdad por el simple hecho de que quería que la reconociesen. Intentaba cambiar al otro y me era imposible. Si esto resuena contigo, es posible que estés cargando con la herida de injusticia, una de las más comunes que existen.

Cuando hablamos de la herida de injusticia, hacemos referencia a una rabia y tristeza muy intensas que se originan en situaciones infantiles que percibimos como injustas, frías, rígidas e inflexibles.

Su origen está en padres inflexibles, rígidos y fríos con sus hijos, que proponen una educación autoritaria y normas que no pueden sobrepasarse bajo ningún concepto.

Sentimos que ha habido un abuso de poder y nosotros hemos salido perdiendo, por lo que nos juramos a nosotros mismos que eso no volverá a ocurrir.

Ejemplos de padres que transmiten esta herida a sus hijos:

- Padres que prohíben actividades lúdicas propias de la edad por considerar que no se es lo suficientemente mayor, como salir de fiesta, salir con los amigos o salir de viaje.
- Padres que prohíben hacer cosas por el simple hecho de que ellos no pudieron hacerlas. Por ejemplo, no puedes dejarte el pelo largo porque tu madre siempre lo llevó corto de pequeña.
- Padres que ocupan un lugar de superioridad y control. Por ejemplo, no dejan salir de la habitación hasta que se han terminado de hacer los deberes.
- Padres orgullosos y cabezotas que nunca reconocen sus errores. Generan un sentimiento de rabia e incluso de frustración muy intolerable en los hijos, que, a su vez, se vuelven también rígidos y orgullosos.
- Padres con una moral excesivamente recta y rígida. Transmiten mandatos que tienen que ver con el cuidado de los otros y la excelencia académica y profesional, dejando poco espacio a las emociones y a las necesidades individuales.

Y tú dirás: «Pero, Isaac, ¿y qué pasa si repito patrón con personas que traicionan mi confianza, me mienten o tienen relaciones afectivo-sexuales fuera de la pareja sin mi consentimiento?». Pues pasa que también tienen muchas características de narcisismo maligno, pues en estas relaciones se piensa más en el propio deseo que en lo que pueda necesitar la pareja. Además, los narcisistas malignos tratan de ocultar o manipular esas situaciones de tal forma que tú, una vez más, parezcas la persona que está equivocada o tiene el problema.

En otra de mis relaciones más largas, mi pareja me fue muchísimas veces infiel a escondidas. No recuerdo cuántas. ¿Pero cómo no iba a estar acostumbrado a la traición y a la mentira si desde adolescente no me había sentido priorizado por mis cuidadores? ¿Si había sentido que sus parejas u otras personas cercanas a ellos eran colocadas por encima de mí para satisfacer sus necesidades? ¿Si había sentido que se apropiaban de mi espacio personal, mi ropa o mi dinero sin mi consentimiento? ¿Si, además, yo había vivido de cerca engaños entre mis figuras de cuidado más próximas?

Por otro lado, la herida de traición hace referencia a un miedo muy intenso a ser «vendido» o traicionado. En esta herida, animales como los gatos o los perros suelen idealizarse, porque en ellos se coloca la confianza que no podemos tener en las personas.

Este tipo de herida muchas veces se experimenta de forma conjunta con la herida de injusticia, aunque hay algunas diferencias entre ellas. La distinción básica entre ambas es que en la herida de traición se hacen promesas que no se cumplen o se atraviesan fronteras personales (abusos sexuales).

En la herida de injusticia, en cambio, se deniegan los deseos de la persona sin ningún tipo de explicación. Ni siquiera hay promesas previas; impera la rigidez, la frialdad y el autoritarismo. Por eso, en la persona con herida de injusticia se generan más sentimientos de rabia que de miedo. Estos están especialmente proyectados en la sociedad y su política, aunque también en muchas relaciones interpersonales.

En la herida de traición también encontramos padres que solo confían en la familia, por lo que las fronteras del clan suelen ser bastante rígidas y no cualquiera puede entrar a formar parte de él. Son padres que inculcan desconfianza y paranoia respecto del mundo y los otros.

Ejemplos de padres que transmiten esta herida a sus hijos:

- Padres que cuentan los secretos del hijo al otro progenitor aun cuando aquel les pide confidencialidad.
- Hermanos que espían a sus hermanos y después hacen un uso deshonesto de esa información con los progenitores o con otros adultos para beneficiarse y obtener privilegios.
- Padres con exceso de paranoia que tienen miedo a ser escuchados o vistos por vecinos o amigos. Esta desconfianza los lleva a enviar mensajes a nuestro inconsciente cargados de miedo a la traición, como: «Todas las mujeres u hombres son iguales».
- Padres que prometen llevarte al parque o contarte un cuento esa noche y no lo cumplen. Cuando les pedimos explicaciones, acaban por responder con mensajes confusos y no asumen su error o culpa.
- Padres que, aliados con los profesores y el entorno escolar, tachan a su propio hijo de mentiroso, manipulador y malo. No se preocupan por las emociones y la visión del mundo del niño, sino que dan por sentado que estas son equivocadas y priorizan la información del colegio, de otro progenitor o de un hermano.

- Hermanos, primos u otros familiares que, en casos graves, cometen abusos sexuales a menores de la familia.
- Padres que prefieren a la pareja antes que a sus hijos, dándole un lugar especial que el niño o adolescente nunca tendrá.

La herida de injusticia y la herida de traición son claves y tienen mucho que ver con la repetición de patrones. En las parejas, la mayoría de las veces, buscamos a un salvador. Una persona que por fin valide nuestra historia, nuestra verdad, y no vuelva a traicionarnos. Y recuerda que la sociedad no lo pone fácil, porque desde el mito del amor romántico nos empuja a creer que un príncipe azul nos rescatará y llenará todos nuestros vacíos. Que cumplirá todas sus promesas y se portará de forma justa con nosotras. Nos pasamos la vida luchando por encontrarlo, pero nos damos contra un muro. Entramos en la eterna paradoja: esa pareja «salvadora» es en realidad una repetición de la misma historia infantil. Una historia que te retraumatiza, que vuelve a colocarte como la persona «loca», «herida», la que tiene el problema y la que está profundamente defectuosa y equivocada.

Me digo: «Isaac, cuántas heridas emocionales…». Cuántas relaciones he repetido sin darme cuenta reproduciendo mis heridas de infancia. O cuántas relaciones no he tenido por miedo a que me dañasen.

Tú puedes pensar: «No sé por dónde empezar. Estoy agobiada y saturada. ¿Voy a sanar? ¿Qué tengo que hacer? ¿Me voy a recuperar?». Yo te contesto que sí, ya lo estás haciendo. Mantén la esperanza. Nuestro sistema nervioso es plástico y puede curarse de las heridas más graves. Es bastante común que tengamos un poco de todas y algunas estén más desarrolladas.

Mientras lees este libro, seguro que se te están removiendo muchas emociones en tu sistema nervioso, buscando la forma de integrarse y sanarse. ¿Estás lista para aceptarlas? ¿Vas a asumir la responsabilidad?

Antes de seguir, mira este resumen de algunas de las heridas de infancia más relevantes y comunes que hemos visto hasta ahora:

1. Herida de abandono

- **Origen:** No recibir atención emocional constante o presencia afectiva.
- **Máscara:** El Dependiente.
- **Comportamiento:** Buscar aprobación, necesidad de compañía constante, miedo a la soledad. Apego, incluso a veces demanda emocional.
- **Creencias:** No merezco ser amada. Estoy dañada para siempre. No confío en mí misma. Estoy en peligro. Soy débil. No puedo protegerme. Soy vulnerable.
- **MOI:** Separación.
- **Figuras de apego:** Pasan tiempo fuera. Sufren depresión o duelo. Abrumados por necesidades de los hijos y se desconectan. Siguen estilo de vida previo a la paternidad.
  En apegos evitativos: Refuerzan la independencia y autonomía de los hijos pronto. Saturan emocionalmente al niño y este se desconecta.

2. Herida de rechazo

- **Origen:** Sentir que no se tiene derecho a existir o que no se es deseado.
- **Máscara:** El Huidizo.

- **Comportamiento:** Tendencia a desaparecer, evitar el conflicto, aislarse emocionalmente. Vivir en el mundo interior propio. Tener problemas para estar presente. Sentirse indigno de amor.
- **Creencias:** No estoy bien como soy. No valgo nada. Soy torpe, insegura, no puedo fiarme de los demás. No puedo mostrar mi enfado o tristeza.
- **MOI:** Estima. Seguridad.
- **Figuras de apego:** Hablan de los otros de forma despectiva, criticando. Miradas de desaprobación y comentarios despreciativos del tipo: «¿Estás engordando?», «¿Por qué no te compras otra ropa?», «De pequeña eras más…». Rechazan a un género por su historia previa. Sociedad con sus cánones de belleza.

3. Herida de humillación

- **Origen:** Ser avergonzado por necesidades físicas, emocionales o sexuales propias.
- **Máscara:** El Masoquista.
- **Comportamiento:** Sentirse constantemente observado y juzgado. Tendencia a minimizarse, a evitar destacar o brillar por miedo a ser ridiculizado. Autosabotaje para no sobresalir (aunque en ocasiones se intenta brillar por encima de los demás). Avergonzarse de deseos y necesidades. Creer que ser visible es peligroso. Represión de la propia autenticidad como protección. Castigarse con pensamientos intrusivos para controlar los «malos» y avergonzantes comportamientos.
- **Creencias:** No merezco ser amada. Soy una vergüenza. Soy insignificante. Merezco morir. Mi cuerpo es detestable.

- **MOI:** Estima.
- **Figuras de apego:** Ridiculizan de forma grave y humillante por nuestra forma de ser y físico. Controladores, perfeccionistas. Madres a dieta, importancia al físico. Comentarios despectivos del físico y carácter (mensaje doble vínculo). Invalidan, ridiculizan o culpan el sufrimiento de un hijo ante un acoso. Maltrato físico, capones, collejas, pellizcos.

4. Herida de culpa

- **Origen:** Haber tenido que cuidar a padres incapaces desde niñas o haber sido etiquetado de niño malo o desobediente.
- **Máscara:** El Salvador.
- **Comportamiento:** Sacrificarse por los demás. Reprimir el deseo de placer y autosabotearse. Culpabilizarse con facilidad, creer que disfrutar es ser egoísta.
- **Creencias:** Solo soy querible cuando cuido. Tendría que haber hecho algo. Fue mi culpa. Debería haberlo sabido. No puedo pedir lo que quiero. No merezco perdón. No puedo tener el control.
- **MOI:** Separación.
- **Figuras de apego:** Invertir roles, parentalizar hijos, ellos son los «niños vulnerables». Piden ayuda para casi cualquier gestión de la vida cotidiana. Utilizan a los hijos para desahogarse. Triangulan con hijos y les meten en asuntos de adultos. Madres divorciadas o viudas que tratan que los hijos ocupen el lugar del marido ausente (hacen viajes, actividades, no les dejan marchar de casa). Padres volcados en el cuidado de un hermano con discapacidad y el hijo para sentirse visto asume rol del cuidador.

5. Herida de valía

- **Origen:** Haber crecido en un entorno donde los logros nunca fueron suficientes o donde el reconocimiento estaba condicionado. Ser comparado constantemente con otros, recibir mensajes explícitos o sutiles de que «no se es suficiente» o que «hay que ganarse el amor» a través del rendimiento. También puede surgir de padres emocionalmente ausentes o exigentes, que valoraban más el hacer que el ser.
- **Máscara:** El Perfeccionista.
- **Comportamiento:** Buscar validación externa constantemente. Esforzarse en exceso para demostrar que se es merecedor de amor y reconocimiento. Compararse con los demás y sentir que se es insuficiente. Tener miedo al fracaso porque se asocia con no valer nada. Creer que el valor personal depende de lo que se hace, no de lo que es.
- **Creencias:** No valgo nada, soy una desilusión. Tengo que poder con todo. Debo ser perfecta. No puedo tener el control, soy un fracaso. No puedo tener éxito.
- **MOI:** Estima.
- **Figuras de apego:** Mirar con lupa los logros, hacen sentir insuficiente. Solo valoran por los éxitos. Narcisistas. Castigan momentos de ocio y relax o disfrute. Cuidadores con profesiones bien remuneradas, médico, ingeniero… O cuidadores que no tuvieron la oportunidad de estudiar, por lo que proyectan la necesidad de reconocimiento académico/profesional en los hijos. Necesidad de quedar por encima en los debates. Comparan a los hermanos entre sí.

6. Herida de injusticia

- **Origen:** Ser tratado con frialdad, rigidez o exigencia extrema.
- **Máscara:** El Defensor de las Causas Perdidas.
- **Comportamiento:** Buscar ser impecable y tener todo bajo control. No se permite errores ni mostrarse vulnerable. Valora más el hacer que el sentir. Se engancha en las injusticias y es un defensor de las causas perdidas.
- **Creencias:** No puedo confiar en nadie. No puedo mostrar mis emociones con seguridad. No puedo tener el control. No pertenezco a este mundo injusto y egoísta. Dudo de mi verdad.
- **MOI:** Seguridad.
- **Figuras de apego:** Prohibir actividades lúdicas: no eres suficientemente mayor, maduro para… Inflexibles, rígidos y fríos con los hijos. Prohibir cosas porque ellos no pudieron hacerlo en su momento. Maltrato físico y verbal. Ocupan lugar de superioridad y control. Pronuncian frases como: «No sales de la habitación hasta…, no te levantas de la mesa hasta…». Orgullosos y cabezotas que no reconocen sus errores. Moral recta y rígida y transmiten mandatos de excelencia académica y profesional y personal.

7. Herida de traición

- **Origen:** Ser traicionado por alguien en quien se confiaba.
- **Máscara:** El Vigilante.
- **Comportamiento:** Necesita tener el control de todo y de todos, teme la vulnerabilidad. Le cuesta delegar, desconfía de los demás y quiere tener siempre la razón.

- **Creencias:** No puedo confiar en nadie. Estoy todavía en peligro. No puedo mostrar mi vulnerabilidad y mi interior con seguridad.
- **MOI:** Seguridad.
- **Figuras de apego:** Contar los secretos de hijos a terceros. Hermanos que espían a sus otros hermanos y hacen uso deshonesto de la información. Padres paranoicos, temen ser escuchados o espiados. Hacen promesas que no cumplen y no asumen su error. Padres aliados con profesores que ponen etiquetas a los hijos. No toman en cuenta el punto de vista del niño. Hermanos, primos o amigos que tienen conductas sexuales sin consentimiento. Abuso sexual o negaron que sus hijos fueron abusados por terceros. Padres que prefieren a las parejas antes que a sus hijos.

8. Herida de la no pertenencia

- **Origen:** Haber crecido sintiéndose diferente, excluido o no aceptado dentro del propio núcleo familiar o entorno social escolar o cultural. Puede surgir cuando el niño percibe que debe adaptarse, cambiar o esconder partes de sí mismo para ser querido o incluido. También puede originarse en familias donde se privilegia la obediencia o la imagen externa por encima de la autenticidad, generando la sensación de que «ser uno mismo» pone en riesgo el vínculo. En algunos casos, esta herida nace de haber sido desplazado emocionalmente por un hermano, por un nuevo matrimonio o por dinámicas familiares que lo hicieron sentir como un «invitado» en su propia casa.
- **Máscara:** El Exiliado.
- **Comportamiento:** Siente que no encaja, que es diferente o que está

fuera de lugar. Se adapta constantemente para ser aceptado, pero nunca se siente realmente parte de algo. Reprime su autenticidad por miedo al rechazo. Cree que debe cambiar para ser incluido. Vive con la sensación de estar «de más» o fuera del grupo.

- **Creencias:** No pertenezco. No merezco pertenecer. Hay algo inadecuado en mi cultura y no puedo pertenecer a la sociedad en la que vivo. Soy una vergüenza. Soy inadecuada.
- **MOI:** Seguridad.
  Estima.
- **Figuras de apego:** Son supersociales y necesitan que encajes siempre en todos los grupos. Critican tu forma de ser y te hacen sentir un bicho raro. Acomplejados por su nivel de estudios, cultura o cualquier otro tema similar. Negligentes que no hacen de guía a la hora de sociabilizar. Han sufrido racismo o *bullying* y aíslan al niño del entorno social por querer sobreprotegerlo. *Bullying* continuado en tu adolescencia. Duelos migratorios no resueltos que generan en ti la sensación constante de no arraigo en el país en el que vives actualmente.

Ejercicio 6: Soltando el dolor de tus exparejas o de tu pareja actual

Repite este ejercicio paso a paso con cada uno de los ex con los que todavía sientas que hay heridas no sanadas y necesites expresar rabia, tristeza o miedo. Este ejercicio también te será útil si estás atrapada en una relación abusiva o si tu pareja actual simplemente no te aporta lo que necesitas.

Ahora vamos a dibujar. El dibujo activa el hemisferio derecho y nos permite procesar mucho mejor las emociones que todavía tengamos enquistadas. Antes de comenzar, coge folios, bolígrafos, lápices, rotuladores, ceras o pinturas, lo que quieras. Sé creativa. No tiene que ser un dibujo perfecto, tiene que ser tu dibujo. Deja que tu mano guíe tu lápiz desde la intuición. Sigue estos pasos:

<u>Paso 1: Dibuja la relación</u>

Objetivo: Representar cómo fue o es la relación.

Instrucción: Dibuja símbolos, escenas o formas que representen lo que viviste con esa persona. No te preocupes por el realismo del dibujo, enfócate en lo que sientes.

Ejemplos: Un corazón roto, una casa, un camino compartido o una tormenta.

Titula o describe en una frase tu dibujo.

¿De qué te das cuenta?

<u>Paso 2: Dibuja el dolor</u>

Objetivo: Dar forma al dolor que sientes.

Instrucción: En otra hoja, dibuja cómo ves tu dolor. Puede ser abstracto o concreto.

Ejemplos: Un nudo, una sombra, una figura llorando o un laberinto.

Instrucción: Titula o describe en una frase el dibujo.

¿Qué sientes al verlo? Puedes hacer la práctica del escaneo corporal para integrar las sensaciones y emociones.

Paso 3: Dibuja el aprendizaje

Objetivo: Reconocer el aprendizaje que extraes de tu relación pasada o actual.

Instrucción: Dibuja lo que aprendiste o lo que te fortaleció. O la evolución que te está trayendo ahora.

Ejemplos: Una semilla creciendo, una luz, una escalera o un espejo.

Paso 4: Dibuja el cierre

Objetivo: Representar el acto de soltar o el acto de cambio, si es posible, que deseas en tu relación actual.

Instrucción: Dibuja una escena donde te despides de esa persona o de esa etapa o cómo sería tu relación ideal considerando tu relación actual.

Ejemplos: Una carta volando, dos caminos que se separan, una puerta que se cierra, una relación en la que el otro se preocupa más de cómo te sientes o no te invalida.

Titula o describe con una frase tu dibujo.

No te olvides de respirar mientras haces este paso y nota las sensaciones y emociones que van apareciendo en tu sistema nervioso.

Paso 5: Dibuja el acto de soltar o de transformación

Objetivo: Visualizar tu nueva etapa.

Instrucción: Dibuja cómo te gustaría sentirte o vivir a partir de ahora, ya sea sola o acompañada.

Ejemplos: Un sol, un nuevo camino, tú sonriendo, un jardín floreciendo.

Titula o describe con una frase tu dibujo.

Paso 6: Reflexiona sobre el ejercicio

Después de dibujar tanto, tómate unos minutos para reflexionar sobre cómo te sientes. ¿Ha cambiado algo en tu cuerpo? ¿Te notas más ligera o más tranquila? ¿O puede que más clara y coherente con lo que necesitas, aunque con cierto malestar emocional?

Puedes hacer las prácticas somáticas que necesites de nuevo escuchando música de piano adecuada hasta que te sientas más liberada. Lo importante es que has expresado tus emociones y has comenzado a liberar el dolor.

Repite este ejercicio tantas veces como te sea necesario, con diferentes dibujos si así lo sientes, hasta que vayas notando que la pérdida está más integrada o que disminuye el dolor de tu relación actual y que sientes menos tristeza o rabia. En ese momento, llegarás a la aceptación, que no al perdón.

Ojo. Habrá comportamientos que a lo mejor no puedes perdonar, y eso está bien. Lo importante es que sientas paz e imparcialidad cuando pienses en tus ex o veas la situación de tu relación actual más clara (aunque eso sea doloroso).

CAPÍTULO 7

CÓMO DEJAR LA ADICCIÓN A LOS PATRONES INSANOS

Sé que está siendo un viaje muy intenso hacia las profundidades de ti misma, pero te prometo que ya queda poco para su final y cada vez estás más cerca de tu verdadero hogar. Estamos procesando juntos el dolor de nuestras heridas emocionales más profundas mientras vemos cómo estas se reflejan en distintos tipos de patrones y en la dependencia emocional con nuestras parejas.

Te preguntarás: «¿Y ahora qué? ¿Qué hago con ese dolor? ¿Cómo lo utilizo en mi beneficio? ¿Le echo la culpa a los demás y me quedo ahí? ¿Tomo conciencia y punto? ¿No hay más pautas?».

Cómo dejar atrás tu rol de víctima

Existe una diferencia entre haber sido víctima en un momento puntual y sentirse víctima para el resto de la vida como posición existencial. El victimismo te libera de la responsabilidad personal y deposita la culpa en el otro. Y sí, tal vez pueda resultar liberador en un principio, pero esta actitud no permite sanar la propia historia.

Por supuesto con esto no quiero decir que no tengamos que enfadarnos con las personas que nos han hecho daño de manera injusta, incluso elaborar con nuestras lágrimas el dolor de lo que nos sucedió.

Ser consciente de todo lo malo que te hizo el narcisista no te va a ayudar a dejar de repetir patrones negativos o a terminar con tu dependencia emocional hacia él. Te va a ayudar a entender para qué elegiste tener esa relación.

La realidad es que no caes en sus redes únicamente porque te manipula o por tu generosidad no correspondida. Caes en sus redes porque cuando se está sedienta de amor y se ha aprendido que las relaciones se basan en pequeñas migajas, se repite el patrón. Nos ponemos una venda en los ojos y continuamos como si nada.

Pero tú no eres culpable de la situación. No tenías elección. Ya sabes que aprendiste a renunciar a ti por mantener el vínculo con el otro cuando eras pequeña. Y ese es un patrón automático que cuesta mucho cambiar. Pero ahora puedes elegir. Puedes elegirte a ti.

Si no eres consciente de que tienes heridas emocionales de infancia que te llevan a repetir los mismos patrones con personas parecidas, la vida te las seguirá trayendo una y otra vez.

Las parejas son un espejo de las heridas emocionales infantiles no resueltas y la toma de conciencia emocional es la clave para sanarlas.

Yo podría haberme instalado en la queja: una de las parejas con las que más tiempo estuve me humilló, me fue infiel, me dejó solo... Pero decidí no hacerlo. Entendí que la humillación se produjo porque yo la permití, al igual que las traiciones y mi soledad emocional. Yo elegí, inconscientemente, quedarme en ese vínculo durante seis años porque era lo único que conocía. Lo único que creía merecer. Algo similar me ocurrió con otra de mis parejas más importantes: no me permitía ser yo mismo y anulaba mi valía, pero yo elegí permanecer en ese vínculo. Al menos hasta que, juntos, mi expareja y yo, lo pudimos soltar.

No me malinterpretes. No me estoy culpando. Por supuesto que hice el duelo. Me enfadé mucho con mis exparejas. Me puse muy triste, pero asumí que era necesario. Me responsabilicé. Entendí que estas relaciones llegaron a mi vida, y yo me quedé en ellas, para aprender, para evolucionar, para conocerme más a mí mismo y conectar con el dolor de mis heridas primarias de apego.

Si no sales de la posición de víctima, porque los malos son todos los demás y tú eres la buena que da mucho y no recibe (de hecho, dar para que te den no es genuino), seguirán llegando personas que te dañen. Esto no va de buenos ni malos, va de personas responsables y conscientes: las que hacen autocrítica, analizan su implicación en las relaciones ligada a sus heridas y buscan cómo las pueden sanar.

Las parejas como portal hacia la toma de conciencia

Qué paradójica, dura y sabia es la vida. Nos presenta a las personas que son nuestra salvación y nuestro calvario al mismo tiempo. Porque en estas parejas vas a encontrar el espejo de las heridas emocionales que viviste en la infancia y que tienes que integrar.

Las parejas van a mostrarte aquellas partes de ti que no están sanadas y que tienes que abrazar. Si te das cuenta, cada pareja que aparece en tu vida tiene una relación con un conflicto infantil y, por tanto, te da la oportunidad de sanarlo. Y ojo, no solo las parejas, también, por ejemplo, las amistades profundas, jefes o los compañeros de trabajo. Muchas de las personas con las que más tenemos conflictos son la clave para sanar.

Estos son algunos de los casos con los que puedes encontrarte:

- **Parejas con el espejo contrario:** todo lo que admiras de tu pareja habla de lo que tú tienes que integrar. Yo topé con mi primera expareja, que tenía una gran faceta exploradora. Con él pude integrar mucho más mi herida de abandono, pues gané en autonomía y recursos para manejarme en el mundo. También era mucho más sociable que yo, lo que me llevó a enfrentarme con más seguridad a mi miedo a la humillación en grupos grandes, debido al acoso escolar que sufrí.
- **Parejas con el mismo espejo:** lo que te irrita del otro es algo que tienes que sanar en ti. Esto me ocurrió con otra de mis parejas «serias». Es una especie de segunda oportunidad. La vida dice: «Ah, sigues sin ver tus heridas, pues ahora te las muestro tal cual en otra persona a ver si así avanzas y sanas». Esta pareja necesitaba ser perfecta en todas las áreas y demostrarse que era valiosa, además de ser poco aventurera (mismo espejo de herida de humillación y de valía que tenía yo).
- **Parejas que reflejan distintas heridas con espejos similares y opuestos al mismo tiempo:** por ejemplo, una de mis parejas

serias era mucho más aventurera que yo (espejo contrario), pero tenía un miedo terrible al ser él mismo siendo gay (mismo espejo que yo). Como ves, nada es blanco o negro. Y no solo hablo de parejas serias, sino también de parejas con las que tuve un menor compromiso o «casi algos». Y recuerda que, por ejemplo, los amigos, los jefes o tus familiares también son espejos de lo que tienes que aprender.

Ten presente que las parejas no solo aparecen en tu vida para hacerte feliz, también para que seas consciente de todo lo que necesitas sanar e integrar.

Y, ¡pum!, ahora es cuando te explota la cabeza. Aquí es donde interviene, una vez más, la mente humana y el sistema nervioso autónomo. Inconscientemente repiten las historias que les ayudaron a sobrevivir y que les son familiares. Así que ahora ya sabes por qué parece que siempre das con parejas que no te satisfacen o repites historias laborales, de amistad o de cualquier otra índole en las que se repiten los mismos problemas una y otra vez. Tú las escoges. O, más bien, tu sistema nervioso.

Qué baile tan bonito entre la vida, las parejas, los espejos, la neurociencia de la repetición y la familiaridad, nuestro sistema nervioso y nuestras heridas de infancia.

Vibrando en la responsabilidad para empezar a soltar

Cuando vibras en la responsabilidad, las parejas y su espejo son la forma más rápida y eficaz para volver a casa. Para ser coherente contigo.

Para soltar las adicciones, los patrones disfuncionales de pareja y las heridas de infancia.

Estás vibrando en la responsabilidad cuando tomas conciencia de tus patrones, sales del rol de víctima, haces el aprendizaje y sueltas la relación, salvo que tu pareja también lo haya hecho y entonces evolucionáis. No podemos estar con nadie que no esté en nuestro mismo nivel de sanación y energía emocional. Es ley universal.

¿De qué me di cuenta yo? ¿Qué aprendizajes fui adquiriendo con cada una de mis parejas? Seguro que esto resuena contigo.

Aprendí que, en general, en todas mis relaciones superfluas, antes de las primeras relaciones serias, buscaba amor a toda costa. No me paraba a analizar si la persona buscaba también una relación estable, o si se alineaba con mis valores. Primero me esforzaba con urgencia en vincularme profundamente con la persona y luego ya veríamos.

También empecé a ser consciente de que en mi primera relación seria permití las invalidaciones emocionales, el quedarme solo hablando en las discusiones, el esforzarme en hacerme entender cuando el otro no podía ni conectar con sus emociones, tratar de «enseñarle» para cambiarle... Además, no me abrí a tener más planes sociales con mi pareja por miedo a la humillación pública, a repetir la historia de *bullying*. Y eso asfixió el vínculo.

Con mi segunda expareja aprendí que yo estaba huyendo de la soledad. O, más bien, de lo que esta significaba para mí: no tener recursos para enfrentarme al mundo solo y sentir que nadie me iba a querer, sino que me humillarían por mi esencia más «femenina».

Como te he contado, esta segunda expareja tenía heridas similares a las mías. Era el mismo espejo. Estaba con una pareja idéntica a mí, por lo que eso no me estaba ayudando a avanzar y me hacía estancarme. Y él lo sabía. Agradezco la ruptura porque sin ella no habría encontrado al actual amor de mi vida.

De todas mis relaciones aprendí, en mi caso por ser gay, que necesito amar mi parte masculina y femenina por igual para sentirme pleno. Que solo tengo que ser yo. Y ser yo implica abrazar a ese Isaac con ambas energías. Que puede vivir y disfrutar del mundo solo y que no siempre necesita a los demás. Que puede ser vulnerable y mostrarse inseguro sin sentir miedo. Que no necesita la perfección para ocultar la vergüenza de la intimidad. Porque la intimidad no es peligrosa. La intimidad y la vulnerabilidad son oro en estado puro. Son el elixir que cura el alma y la devuelve a su más pura esencia auténtica.

Ahora ya has descubierto el gran secreto para soltar las adicciones a patrones de pareja disfuncionales: **salir del victimismo para entrar en la frecuencia de la responsabilidad**. Ser responsable no solo consiste en hacer autocrítica e identificar lo que has aprendido en cada relación. También incluye elevar tu frecuencia vibratoria procesando y soltando el dolor de tus relaciones de pareja, espejo de tus heridas de infancia.

Ojo con ser excesivamente racional y volverte una experta intelectual de todas tus heridas. Puedes haber hecho cientos de cursos y leído decenas de libros, pero no haber sanado nada en absoluto y estar en el mismo punto de partida. Sanar tiene que ver con sentir, y si lo que lees solo llega a tu cabeza, sin habitarlo en tu cuerpo ni en tu emoción, no va a tener un efecto sanador. Por eso es importante que tu sistema nervioso se sienta listo y seguro para sostener el voltaje del dolor emocional, y, sobre todo, que tengas experiencias vitales que transformen la realidad emocional de tu sistema nervioso.

Cuidado también con el «*bypass* espiritual» que está actualmente tan de moda. Esta expresión describe el uso de prácticas espirituales para evitar enfrentar problemas emocionales y psicológicos. En lugar de abordar directamente las heridas y traumas, se recurre a la espiritualidad como una forma de escapar de ellos. Tengo bastantes casos de este tipo en mi familia. Esta puede manifestarse en la excesiva práctica de la meditación, la oración, o la búsqueda de experiencias trascendentales (reiki, retiros espirituales, consumo de sustancias, esoterismo, religión, etcétera) para evitar el dolor y la incomodidad que conlleva el trabajo emocional profundo.

La verdadera espiritualidad no se asienta en el ego y ni en sentirse superior a los demás, ni mucho menos en considerar a las personas como «dormidas» o insignificantes. Cuando una persona opta por el *bypass* espiritual, siempre presenta un toque narcisista importante (en muchos casos, delirios megalomaníacos) y tiene una prisa urgente por transitar sentimientos densos como la ira, el rencor, el dolor o el miedo; además de una reticencia bastante grande a entrar en procesos de psicoterapia individual.

La verdadera espiritualidad se hace cargo del dolor y aprende a través del mismo generado en las múltiples interacciones con tus parejas. ¿Pero cómo elevas tu frecuencia vibratoria espiritual? ¿Cómo transmutas el dolor de tus heridas de infancia en autenticidad, luz, compasión, coherencia, paz...?

Tranquila. Lo estás haciendo sin darte cuenta. Este libro no es cualquier libro. Seguro que no te ha dejado indiferente. Seguro que lo has experimentado en tu cuerpo a lo largo de estas páginas (salvo que estés muy desconectada): mientras leías y hacías los ejercicios, alquimizabas el dolor de tus heridas emocionales y lo hacías consciente. Cambiabas tu frecuencia vibratoria. Somos energía. Y la energía también fluye a través de las palabras escritas. Y modifica las energías más densas, menos evolucionadas y menos conscientes. ¿O las que ya tenían cierto grado de conciencia? Este libro no es para todo el mundo. Este libro no ha llegado a tus manos por casualidad. Ha llegado porque estabas preparada o porque tienes que prepararte. Sea lo que sea, ahora sí, vamos juntos a terminar de evolucionar y conectarte con tu yo más auténtico.

Ejercicio 7: Qué he aprendido con mis parejas

Analiza tus relaciones (actuales o pasadas) y, desde la responsabilidad (que no culpa), trata de extraer aprendizajes. Te dejo esta tabla con algunos ejemplos para que te sirvan de guía:

Parejas	Lo que más me dolía	La herida que activó	Lo que hacía yo	Lo que haría ahora
Álvaro	*Me llamaba intensa.*	*Humillación.*	*Cuestionar mis emociones.*	*No dejar de ser emocional por alguien.*
Paco	*No quería nada serio.*	*Abandono.*	*Luchaba porque se comprometiera.*	*No forzar relaciones sin compromiso e irme.*

Gabriel	*Tenía problemas con el alcohol.*	*Culpa.*	*Lo intentaba proteger y cuidar.*	*No soy la madre de nadie, buscaría a un chico que se supiese cuidar.*
Manuel	*Infidelidades*	*Traición.*	*Tapaba sus infidelidades y siempre me pedía disculpas.*	*No merezco traicionarme y engañarme a mí misma. Suelto relaciones que reflejan mi traición interna.*
María	*Me utilizaba y me trataba mal.*	*Valía.*	*La complacía porque era un mujerón.*	*No me pongo por debajo de nadie, yo valgo.*
Elisa	*Me decía que soy raro y antisocial.*	*Rechazo.*	*Tenía razón, intentaba mejorar y ser más extrovertido por ella.*	*Me doy cuenta de que no hay nada malo en mí, tal vez ella tenga que adaptarse a mi introversión.*

Ahora sigue tú...

Tercera parte

RENACE Y VUELVE A ENCONTRARTE CONTIGO MISMA

CAPÍTULO 8

REGRESANDO A CASA Y RECONCILIÁNDOTE CON TU NIÑA HERIDA

En las últimas páginas te explicaba que la toma de conciencia, la responsabilidad y el procesamiento del dolor de tus heridas emocionales rompían con las trampas de la dependencia emocional insana y sus patrones adictivos. Un proceso que has ido haciendo a lo largo de este viaje conmigo y para el que, según tu grado de conexión con tu sistema nervioso, aprendizaje y evolución personal, puede que necesites psicoterapia complementaria.

Una vez que dejas atrás todas esas viejas historias traumáticas...

- ¿Cómo conectas con tu yo presente? ¿Con tu yo auténtico?
- ¿Cómo haces para no dejarte llevar una vez más por viejos mecanismos de complacencia, autosupresión, lucha o cuidado compulsivo del otro?

Es aquí donde entra en juego la niña interior, sus máscaras y la adulta responsable.

Acompañando a tu niña interior desde tu adulta empoderada

La niña interior y sus sombras llevan tiempo desconectadas de tu adulta empoderada y protegida durante muchos años por sus propias máscaras. Vas a necesitar darte cuenta de cuándo se activa una herida emocional del pasado en tu presente y cómo tratas de cubrirla, si desde la niña herida con sus máscaras o desde tu adulta sana, amorosa y coherente que se conecta con tu esencia infantil de luz.

Por ejemplo, tu niña interior y su herida de abandono pueden activarse cuando el chico que estás conociendo no te responde a mensajes de WhatsApp durante varios días.

La niña interior herida podría usar la máscara de la complacencia haciendo como si nada pasase. A pesar de la angustia y la necesidad de saber de si él sigue interesado, controlas las horas de WhatsApp a las que se conecta, repasas mentalmente una y otra vez la última quedada por si hiciste o dijiste algo que le molestase o te echas las cartas del tarot.

Pero hay otra forma de afrontar esta situación. Dándote cuenta de cómo se activa el dolor en tu sistema nervioso. Puedes realizar los ejercicios somáticos que te propuse en el capítulo 3 para volver a un lugar de seguridad, calma y sostén. Y, después, hacerte cargo de la situación actuando como una adulta sana con apego seguro.

Volver a casa para volver a ser tú. Volver a ser esa niña auténtica para ser una adulta sana.

Por ejemplo, puedes mandarle un mensaje de WhatsApp con el siguiente texto:

> Hola, [nombre de tu chico/a], el otro día me lo pasé muy bien. Echo de menos charlar un rato contigo o incluso volver a verte pronto. No sé si estás muy ocupado y por eso no has podido responder a mi último mensaje. Un beso.

Una adulta sana es capaz de responsabilizarse y procesar en su cuerpo el dolor de la herida, pero, además, expresa su dolor al otro de forma asertiva. No lo esconde. Y, en el caso de que el otro siga sin responder o muestre conductas ambivalentes, poco claras, o contradictorias, tienes todo el derecho a comunicarlo. Incluso a irte si no puedes sostenerlo.

No olvides algo muy importante: tu cuerpo es tu verdad. Es tu brújula emocional. Y tienes que aprender a escucharlo.

Sé que no siempre es fácil identificar cuándo estás actuando desde tu niña interior y cuándo desde tu yo adulta. No te preocupes, te aseguro que no eres la única a la que le sucede esto. Para que empieces a tomar conciencia, voy a ayudarte a identificar algunas de las situaciones más comunes en las que tu niña herida puede activarse y te diré qué puedes hacer desde tu adulta sana, basándome en mi experiencia personal y profesional después de atender a cientos de pacientes.

Niña con herida de abandono y máscara de desconexión emocional:

- **Niña herida con máscara:** «Mi pareja me acaba de dejar y me siento sola; así que como dulce toda la tarde y después me voy a dormir».
- **Adulta sana:** «Cierro los ojos, noto la tristeza en mi cuerpo, me pongo una música de piano que me guste y dejo que salga. También pienso en quedar con mi amiga Marta para expresarle cómo me siento».

Niña con herida de humillación y máscara de automaltrato:

- **Niña herida con máscara:** «Mi pareja dice que estoy loca, que no controlo bien mis emociones; así que me machaco toda la tarde y me doy cuenta de que tiene razón, soy demasiado intensa».
- **Adulta sana:** «Mi pareja puede ser narcisista. Aunque me avergüenzo de mí misma, sé que esto es una herida de mi pasado y me recuerda a cuando mi padre tachaba de intensa a mi madre; así que me digo cosas que me hagan bien, como que ser pasional es maravilloso y no tengo por qué avergonzarme de ello».

Niña con herida de rechazo y máscara de la huidiza:

- **Niña herida con máscara:** «Mi pareja dice que no quiere pasar tiempo conmigo porque soy aburrida; así que me aíslo y me convenzo de que no soy lo suficientemente interesante para él».
- **Adulta sana:** «Mi pareja tiene mucho estrés laboral y necesita hacer planes para desconectar, pero eso no significa que yo sea

una aburrida. Aunque me siento rechazada, sé que esto es una herida de mi pasado y me recuerda a cuando mis compañeros de clase me ignoraban; así que le traslado a mi pareja que esto me duele y que busque otra forma de expresarme sus necesidades. Yo sé que tengo mucho que ofrecer y merezco que me traten bien».

Niña con herida de reconocimiento o no valía y máscara de la perfección:

- **Niña herida con máscara:** «Mi pareja nunca reconoce mis esfuerzos en la relación y todo lo que hago parece insuficiente; así que me esfuerzo aún más y me convenzo de que no soy lo suficientemente buena».
- **Adulta sana:** «Mi pareja puede tener sus propias expectativas. Aunque me siento infravalorada, no puedo permitir que no haya reciprocidad por su parte y además no valore gran parte de las cosas que hago. Nos sentamos juntos a hablar sobre lo que ambos esperamos de la relación teniendo muy en cuenta la parte exigente de cada uno. La pareja no está al servicio de adorar al otro de forma continuada».

Niña con herida de injusticia y máscara de la defensora de las causas perdidas:

- **Niña herida con máscara:** «Mi pareja siempre dice que gran parte de las cosas que dice o promete me las invento, que él no se acuerda; así que lucho una y otra vez por hacerme entender y que él valide mi realidad».

- **Adulta sana:** «Mi pareja tiene una dificultad importante en hacer autocrítica y reconocer cuando se equivoca. Sé que esto me recuerda a mi infancia; mi hermano se pelaba conmigo y mis padres jamás me defendían, sentía que mi realidad no estaba siendo compartida por los demás. Mi pareja necesita ir a terapia y darse cuenta de sus conflictos. De lo contrario, pensaré en tomar decisiones más radicales…».

Niña con herida de la no pertenencia y máscara de la exclusión:

- **Niña herida con máscara:** «Siempre me siento fuera de lugar cuando estoy con la familia de mi pareja o sus amigos; así que me alejo y me convenzo de que no encajo en ningún lado».
- **Adulta sana:** «La familia de mi pareja puede tener sus propias dinámicas, así como sus amigos. Aunque me siento excluida, sé que esto es una herida de mi pasado y me recuerda a cuando nunca me sentía parte del grupo en el colegio, así que, en lugar de machacarme por lo rara que soy, elijo a qué grupos de sus amigos quiero pertenecer, cuánto tiempo quiero estar y de qué manera».

Niña con herida de culpa y máscara de la niña buena:

- **Niña herida con máscara:** «Mi pareja dice que todo es culpa mía cuando discutimos; así que me siento culpable y me convenzo de que siempre hago las cosas mal, por lo que acabo pidiéndole disculpas».
- **Adulta sana:** «Mi pareja puede estar proyectando sus propios problemas. Aunque me siento culpable, sé que esto es una herida de mi pasado y me recuerda a cuando mis padres siempre me

culpaban por los problemas familiares; así que me digo que no soy responsable de todo y que merezco perdonarme. ¿Qué le diría a una amiga cuya pareja siempre le culpa de sus problemas?».

Niña con herida de traición y máscara de la vigilante:

- **Niña herida con máscara:** «Mi pareja me engañó y me ocultó cosas importantes; así que me siento traicionada y trato de buscar en su móvil información que confirme que me sigue engañando».
- **Adulta sana:** «Mi pareja puede haber cometido un error. Aunque me siento traicionada, sé que esto es una herida de mi pasado y me recuerda a cuando mi padre, en muchísimas ocasiones, rompió las promesas de no volver a serle infiel a mi madre; así que le pido a mi pareja hablar sobre aquel primer engaño y que actualmente deje de tener conductas que reactivan mi máscara, como no hablarme de esas amigas del trabajo. ¿Por qué no puede contarme más sobre ellas?».

Espero que estos ejemplos te hayan ayudado a identificar situaciones en las que puedan activarse tus heridas y haberte dado ideas para poder gestionarlas desde un lugar adulto más saludable, empoderado y responsable.

Vamos ahora a realizar un ejercicio para seguir integrando la parte de la sombra más emocional, primitiva y dolorosa.

Ejercicio 8: Reconciliándome con mi niña interior

Este ejercicio es muy potente, puede llegar a ser demasiado intenso para algunas personas. Chequéate en todo momento cuando lo realices y por si lo necesitas. O, incluso, prueba a hacerlo con los ojos abiertos si te es más cómodo y te hace sentir más protegida o conectada. Cuando algo nos supera, nuestro cuerpo puede responder de dos maneras: o bien sentimos una sobrerreacción (mucha ansiedad, dolor de cabeza, exceso de activación…), o nos desconectamos y caemos en un estado disociativo vagal-dorsal.

Antes de empezar con el ejercicio, encuentra un lugar tranquilo donde estar cómoda y sin interrupciones. Puede ser en tu casa, en la naturaleza o en cualquier lugar donde te encuentres segura. Siéntate en una posición cómoda, con la espalda recta pero relajada. Para ello, elige una silla o el suelo y un cojín, y adopta una postura de meditación. Puedes poner una música de fondo de piano, a mí ya sabes que me gusta mucho cualquier canción aleatoria de Ludovico Einaudi. Como está escrito, puedes leer el ejercicio y grabarte, de forma que lo realices a modo de meditación mientras te escuchas con los ojos cerrados.

Cierra los ojos y toma varias respiraciones profundas. Inspira por la nariz contando hasta tres, sostén la respiración contando hasta tres y exhala lentamente por la boca contando hasta tres. Repite este ciclo varias veces hasta sentirte relajada. Comienza a relajar el cuerpo, empezando por los pies y subiendo lentamente hasta la cabeza. Siente cómo cada parte de tu cuerpo se afloja y se libera de la tensión. Puedes hacer pequeños movimientos de estiramiento si lo necesitas.

Imagina que eres una adulta caminando lentamente por la playa. Sientes la suave arena bajo tus pies descalzos, cada paso te conecta más con la tierra. La brisa del mar acaricia tu rostro, y el sonido de las olas rompiendo en la orilla te envuelve en una sensación de paz. Observas el horizonte, donde el cielo se encuentra con el mar en una línea infinita, y te sientes parte de algo mucho más grande.

Mientras caminas y te fijas en tus huellas, te das cuenta de todo lo avanzado. A través de este libro has ido recorriendo gran parte de tu historia, tu infancia, tu adolescencia, tu camino con las parejas... Has sido muy valiente. Haz una respiración para sentir ese orgullo y compasión hacia ti. Te das cuenta de todo lo que has sido capaz de hacer de manera consciente. Parte del dolor que has llevado en esa mochila emocional en lo más profundo de tu sistema nervioso lo has alquimizado en amor, capacidad, resiliencia, coherencia, madurez...

Y cuando menos te lo esperas, mientras sigues caminando por esa playa, ves una cueva a lo lejos. La curiosidad te impulsa a acercarte. La entrada de la cueva está iluminada por la luz del sol, creando sombras y reflejos preciosos. De muchos colores. Decides entrar y, a medida que avanzas, la cueva se transforma en un lugar mágico. Las paredes están adornadas con colores vibrantes y luces suaves que parpadean como estrellas. Cada paso te lleva a adentrarte más, y sientes una mezcla de emoción y tranquilidad.

En el corazón de la cueva encuentras un pequeño lago de agua cristalina. La superficie del agua refleja los colores y las luces de la cueva, creando un espectáculo visual que te deja sin aliento. Te acercas al lago y decides sumergirte en él. El agua es cálida y acogedora, envolviéndote en una sensación de seguridad y confort. Sientes cómo la calidez del agua penetra en tu piel, relajando cada músculo de tu cuerpo.

Mientras te sumerges en el lago, cada vez más y más, te das cuenta de que una luz absorbe todo tu cuerpo. Mágicamente desapareces. Y apareces en un lugar que es tu refugio. La paz y la serenidad te envuelven, y sabes que este es el lugar donde puedes conectar con tu niña interior. Fíjate en cómo es. Qué puedes ver, tocar, oler, sentir, respirar… ¿Cómo está construido tu refugio? ¿Qué objetos encuentras? ¿Hay animales? Recuerda que tu refugio está protegido por un haz de luz circular. Solo pueden entrar las personas que tú quieras, las que des permiso. Todo lo demás se queda ahí fuera. Ahora, déjate llevar y disfruta de tu refugio durante unos minutos.

A continuación, un tiempo después, aparece en tu refugio, por una diminuta puerta mágica, una niña de entre cuatro y seis años. Observa cómo es, qué lleva puesto y qué crees que puede sentir. ¿Te mira o no? ¿Cómo es su lenguaje no verbal? ¿En qué postura está? ¿Qué crees que necesita? ¿Y tú cómo te sientes en este reencuentro? Déjate llevar de nuevo y no fuerces nada.

Si te apetece, puedes presentarte ante tu niña interior. Quién eres, en qué trabajas, de dónde vienes, por qué estás ahí... Háblale con amor y compasión. Pregúntale cómo se siente a cada momento y qué necesita de ti. Escucha atentamente sus respuestas. Tú puedes decirle cosas como: «Estoy aquí para ti», «Te amo y te acepto tal como eres», «Eres valiosa y mereces ser feliz». Dale un abrazo imaginario si te lo permite, dile que la amas y que estás aquí para protegerla y cuidarla. Siente cómo la conexión entre vosotras se fortalece. Imagina una luz cálida y sanadora envolviendo a tu niña interior, curando sus heridas emocionales. Siente cómo esta luz llena de amor y paz a ambas. Puedes realizar movimientos suaves como balancearte de lado a lado, acariciar tus brazos o colocar tus manos sobre tu corazón mientras visualizas la sanación. Estos movimientos pueden ayudar a integrar la experiencia en tu cuerpo.

Dile a tu niña interior que siempre estarás ahí para ella y que podéis volver a encontraros cuando lo necesitéis. Reafirma tu compromiso de cuidarla y protegerla.

Poco a poco, reconecta con tu entorno actual. Abre los ojos lentamente y haz algunas respiraciones profundas. Siente cómo la paz y la conexión con tu niña interior permanecen contigo. Después de la visualización, tómate unos minutos para escribir tus pensamientos y sentimientos. ¿Qué aprendiste de tu niña interior? ¿Cómo te sientes después del ejercicio?

Si el ejercicio te ha funcionado y te resuena, puedes practicarlo una vez a la semana. Si sientes que ha sido demasiado intenso o ves que no has conectado con tu niña interior, es señal de que todavía no estás lista y necesitamos trabajar en terapia algunas cosas antes.

CAPÍTULO 9

CERRANDO EL PASADO. ACEPTANDO (O PERDONANDO) A TUS PADRES

El proceso de aceptar y perdonar a nuestros padres puede ser uno de los desafíos más profundos y transformadores en nuestro camino hacia la sanación emocional. Nuestros padres, como figuras fundamentales en nuestra vida, han influido en nuestra formación y en nuestras experiencias de maneras significativas. Este capítulo te indicará los pasos necesarios para cerrar el pasado, te ayudará a aceptar las imperfecciones de tus padres y a encontrar la aceptación o el perdón para ellos (si es posible en el momento presente).

Si logras sanar la relación con tus padres y las heridas originadas en el núcleo familiar, automáticamente sanarás todos tus patrones disfuncionales de pareja, tu autoestima y también conectarás con tu autenticidad.

La aceptación es la clave

La aceptación implica reconocer que nuestros padres son seres humanos con sus propias limitaciones y desafíos. Entender que hicieron lo mejor que pudieron con las herramientas y conocimientos que tenían en ese momento nos ayuda a liberar el resentimiento. La aceptación no significa justificar sus acciones, sino comprender que sus comportamientos fueron influenciados por sus propias experiencias y heridas.

En mis sesiones de terapia practico mucho el genograma, una técnica de la terapia sistémica que busca entender las relaciones significativas entre familiares, incluso a nivel intergeneracional, así como los conflictos subyacentes. De esa forma, puedo entender por qué los padres de mis pacientes se comportaron como se comportaron. En muchos de estos genogramas vemos que abuelas y abuelos también cargaban con sus propios niños heridos y que, desde ahí, hicieron lo posible con sus hijos. Y ellos, a su vez, hicieron lo posible con los suyos propios.

Cuando vemos el origen del comportamiento de nuestros padres esto suele generar mucho alivio y compasión, así que te propongo preguntarles a tus padres, de forma curiosa y amorosa, cómo se comportaban sus padres con ellos y qué echaron de menos en sus infancias.

Yo entendí que mi padre no pudo haber estado más presente en mi vida porque él tuvo un padre frío, distante y violento, y una madre víctima de esa violencia a la que tenía que proteger, sin pararse a pensar en sus propias necesidades. Mi padre simplemente no sabía cómo acercarse a mí emocionalmente y conectar conmigo.

También entendí que mi madre se comportaba conmigo de forma autoritaria e invalidante porque mi abuela, su madre, en muchas ocasiones negaba la realidad de sus emociones. E incluso quería que ella fuera perfecta, volcando en mí todo ese sentimiento de vergüenza e inadecuación. Mi madre, al haberse sentido muy sola y falta de amor, se relacionó conmigo desde la exigencia y la demanda. Por eso ella trataba de cerrar su herida estableciendo relaciones románticas con otras personas o colocándome en roles de padre o pareja.

Lo mismo había sucedido con mi abuela. Entendí que ella siempre se había sentido completamente abandonada, poco querida y solo valorada por cuidar. Por eso pasaba tanto tiempo conmigo y no me permitía abrirme al mundo. Para ella, hacerme adulto e individuarme suponía la pérdida de mi inocencia y la ruptura del eterno vínculo de una cuidadora y la personita a la que cuidar.

Ahora sé que todos ellos me han querido y me quieren mucho. A su manera. Con sus heridas. No puedo cambiarlos ni quiero. Los acepto, los tomo tal y como son. Ahora siento pena. Compasión. Liberación. Aceptación y perdón.

Cuando cierras el ciclo con tus padres, cierras el ciclo con tus parejas traumáticas y estás lista para el paso final: el amor verdadero.

El perdón es un acto liberador que nos permite soltar el dolor y avanzar hacia una vida más plena. Perdonar a nuestros padres no es un proceso instantáneo, sino un viaje que requiere paciencia y tiempo; desde meses hasta años, dependiendo del dolor de tus heridas. Cada uno tiene las suyas y el derecho a dolerse a su manera.

No obstante, cuidado con las expectativas. Yo no soy quién para empujar a ninguna persona a perdonar. Hay ciertas heridas, como abusos prolongados o negligencias severas, que tal vez no puedan perdonarse, pero sí pueden aceptarse y gestionarse para poder seguir viviendo con ellas, especialmente si persisten en el presente.

Tu adulta responsable y tu familia en el presente

Relacionarte con una familia que te ha causado daño y te ha generado heridas traumáticas de apego importantes puede ser un reto enorme. Sin embargo, es posible establecer una relación más sana, coherente y compasiva con ella. Aquí tienes algunas estrategias para lograrlo:

1. Imagina que son niños heridos

Una forma poderosa de cambiar tu perspectiva es imaginar que tus familiares son niños heridos. Todos llevamos dentro de nosotros heridas de nuestra infancia, y tus familiares no son la excepción. Al verlos como niños heridos, puedes desarrollar una mayor compasión hacia ellos. Esto no significa justificar su comportamiento, sino entender que sus acciones pueden ser el resultado de sus propias heridas no resueltas.

A una de mis pacientes le ayudaba mucho ver que cuando su madre le pedía confirmación una y otra vez de si estaba guapa para salir se imaginase que era una niña ansiosa pidiendo amor y atención. Mi paciente, en lugar de reaccionar con rabia sintiendo que su madre siempre quería ocupar el primer puesto, aprendió a reaccionar con compasión.

2. Usa el humor

El humor puede ser una herramienta increíblemente efectiva para desactivar situaciones tensas y reducir el estrés. Intenta encontrar el lado humorístico de las situaciones difíciles. Esto no solo te ayudará a mantener la calma, sino que también puede cambiar la dinámica de la interacción, haciendo que todos se sientan más relajados.

Uno de mis pacientes aprendió a reírse mucho con un padre que siempre intentaba tener razón y quedar por encima. Usaba mucho la frase «la perra gorda pa ti» de forma que se aliviaba la tensión del ambiente.

3. Limita el tiempo que pasas con ellos

Es importante establecer límites saludables. No tienes que pasar largas horas con tu familia si eso te causa malestar. Limita el tiempo que pasas con ellos y asegúrate de tener un plan de salida si las cosas se ponen difíciles. Esto te permitirá mantener tu bienestar emocional mientras sigues trabajando en mejorar la relación.

Aprender a decir «no» y priorizar tu espacio personal no es egoísmo, sino una forma de autocuidado. Es válido rechazar planes que no te apetecen. Puedes decir algo así como un «gracias por la invitación, pero esta vez no podré».

Si esas respuestas son demasiado incómodas para ti, empieza por definir cuánto tiempo quieres o puedes compartir y comunícalo con claridad y amabilidad. Por ejemplo, si sabes que una comida familiar suele alargarse demasiado, puedes decir de antemano: «Iré a comer, pero solo podré quedarme un par de horas». O puedes recurrir a un plan de salida preparado, como decir que tienes otro compromiso o una actividad posterior y que debes irte; así te retirarás sin culpa.

Recuerda que poner límites en cuanto al tiempo compartido no significa cortar la relación, sino transformarla de manera sana. Esto te permitirá crear un espacio compartido más sano y coherente contigo, mejorando la relación familiar tanto para ti como para tus allegados. Al cuidar de ti, también estás cuidando la calidad del vínculo.

4. Practica la comunicación asertiva

La comunicación asertiva es clave para establecer relaciones saludables. Expresa tus sentimientos y necesidades de manera clara y respetuosa. Usa frases en primera persona, como «Me siento...» o «Necesito...», para evitar que la otra persona se sienta atacada. Esto puede ayudar a reducir la defensividad y fomentar un diálogo más constructivo.

En este punto voy a contarte un ejemplo de mi historia personal actual. En algunas ocasiones puedo expresar cómo me siento y, desde fuera, puede entenderse como una reacción sin sentido, o bien que proviene de una herida de infancia, o incluso que es exagerada comparada con realidades infantiles más crudas que la mía. Por otro lado, me hacen énfasis en las veces que yo invalido a los demás por el hecho de no hacerse cargo de determinadas situaciones o comportamientos y no disculparse por ello. Así que yo, en lugar de entrar en su juego y sentirme amenazado o invalidado y reaccionar desde la rabia extrema, expreso: «Esto para mí es importante ahora y me gustaría que se respetara, independientemente de las veces que yo haya podido invalidar o del resto de las historias del planeta».

5. Establece y respeta tus límites

Este punto es fundamental y tiene relación con el anterior. Es extremadamente relevante que establezcas límites claros y los respetes. Esto puede incluir límites emocionales, físicos y temporales. Comunica estos límites a tu familia de manera calmada y firme. Recuerda que tienes derecho a proteger tu bienestar emocional.

Por ejemplo, uno de mis pacientes tenía un rol de cuidador en su infancia y su madre siempre le llamaba para criticar a su hermano pequeño. Mi paciente aprendió a decir no a estas llamadas y a explicarle a su madre que eso le molestaba.

A la hora de poner límites no tienes que justificarte en exceso; un simple «prefiero no hablar de ese tema» o «necesito un poco de tiempo para mí» debería ser suficiente. Si esto no funciona, te indico a continuación algunas otras frases útiles que puedes utilizar para poner límites:

- «Ahora mismo no me siento con energía para hablar de esto».
- «Prefiero no entrar en ese tema, no me hace bien».
- «Necesito un poco de tiempo para mí, luego hablamos».
- «No me siento cómodo hablando de eso».
- «Prefiero no compartir eso en este momento».
- «Gracias por tu interés, pero es algo personal».

- «Estoy aprendiendo a cuidar más de mí, y eso incluye poner algunos límites».
- «Esto es importante para mí y necesito que lo respetes».
- «Entiendo tu punto de vista, pero yo lo veo de otra manera».

Al aplicar estas estrategias, puedes comenzar a transformar tu relación con tu familia de una manera que sea saludable y compasiva para ti. Recuerda que el objetivo no es cambiar a los demás, sino cambiar la forma en que te relacionas con ellos para proteger tu bienestar emocional.

Ejercicio 9: Aceptando o perdonando a tus padres u otros cuidadores

Busca un lugar donde puedas estar sola y sin distracciones. Siéntate cómodamente y ten a mano papel y bolígrafo o un ordenador para escribir. Ahora que eres consciente y responsable de las heridas emocionales que han ido generando en ti de forma inconsciente, piensa en la relación con tus padres y cierra los ojos. Utiliza alguna práctica somática de capítulos anteriores si lo necesitas. Verás que el cuerpo te traerá sensaciones y emociones incómodas a las que debes abrirte.

Comienza tu carta dirigiéndote a tu padre o madre. Aquí tienes una guía para estructurarla, pero tienes que hacerla tuya. No pienses, deja que tus manos escriban aquello que necesites:

Querido/a [nombre de tu padre o madre]:

Hoy quiero compartir contigo cómo me he sentido desde que estoy leyendo este libro y he descubierto heridas emocionales infantiles que no sabía que tenía. He sentido tristeza, miedo e incluso culpa por enfadarme con vosotros. He notado que mi cuerpo refleja estas emociones de diferentes maneras.

Siento un nudo en la garganta cada vez que pienso en los momentos que compartimos de pequeña, para bien y para mal, como si algo estuviera atrapado allí, impidiéndome hablar de lo que realmente siento. Mi corazón late más rápido y siento un peso en el pecho cuando me acuerdo de las discusiones que tuvimos y cómo eso me ha ido afectando en la adulta que soy ahora.

Es como si mi corazón estuviera cargando con todo el dolor acumulado, porque además también me he dado cuenta de las cosas que no he tenido de ti. Aprieto los puños, revelando la rabia y la frustración que todavía llevo dentro. Mis ojos se llenan de lágrimas al recordar los buenos tiempos, esos momentos felices que compartimos, y se sienten pesados cuando la tristeza me invade recordando los negativos.

A lo largo de mi vida, he sentido el dolor del abandono, el rechazo y la humillación. Recuerdo momentos en los que me sentí completamente sola, como cuando no estuviste presente en mis logros importantes o cuando tus palabras me hicieron sentir que no era suficiente.

Sin embargo, entiendo que tus comportamientos fueron in-

fluenciados por tus propias experiencias y las heridas que llevas de tus padres y abuelos. Sé que lo hiciste lo mejor que pudiste con las herramientas que tenías, pero eso no quita el dolor que siento. Hay rabia, dolor y miedo en mi corazón, y necesito expresar estas emociones para poder sanar.

A pesar de todo este dolor, estoy aprendiendo a aceptar mis emociones y a darles espacio para existir. Me doy cuenta de que está bien sentirme así y que es parte del proceso de sanar y seguir adelante. He aprendido mucho de nuestra relación y sé que estas experiencias me están ayudando a crecer. También puedo valorar la parte positiva de ti, los momentos de amor y cuidado, y los aprendizajes que me has dado. Recuerdo las veces que me apoyaste cuando más lo necesitaba, las enseñanzas que me diste sobre la vida y los valores que me inculcaste. Todo esto me ha ayudado a desarrollar resiliencia y a entender mejor quién soy.

Quiero agradecerte los momentos buenos y malos que compartimos. Todo esto me ha permitido ver la complejidad de nuestras relaciones y me ha enseñado a ser más compasiva y comprensiva. A partir de ahora, nos deseo lo mejor en nuestro camino y espero que ambos podamos encontrar la paz y la felicidad que merecemos.

Con amor,

[Tu nombre]

Después de escribir la carta, tómate unos minutos para reflexionar sobre cómo te sientes. ¿Ha cambiado algo en tu cuerpo? ¿Te sientes más ligera o más tranquila? Puedes hacer las prácticas somáticas que necesites de nuevo junto con la música de piano adecuada hasta que te sientas más liberada. Después, guarda la carta en un lugar seguro o destrúyela si sientes que es lo mejor para ti. Lo importante es que has expresado tus emociones y has comenzado a liberar el dolor.

Repite este ejercicio tantas veces como te sea necesario, con diferentes cartas si así lo sientes. Continúa hasta que notes que tus heridas emocionales empiezan a estar más integradas y que sientes menos tristeza o rabia, y que percibes más aceptación o perdón. Lo importante es que sientas paz y neutralidad cuando piensas en tus padres.

CAPÍTULO 10

ESCOGIÉNDOTE A TI. CONECTANDO CON TU VERDADERO YO PARA ATRAER AL AMOR VERDADERO

En la búsqueda del amor verdadero, el primer paso esencial es conectar contigo misma y reconocer tus verdaderas necesidades y valores. Tienes que ir más allá de todos esos patrones automáticos protectores que se desprenden de tus máscaras de apego y que hemos ido viendo a lo largo de este libro.

Este capítulo final te guiará para que descubras tu verdadero yo, abraces tus valores y explores dimensiones que van más allá de lo científico, si así lo deseas. De este modo, conectarás con algo que te trasciende: tu espiritualidad.

¿Estás lista para volver al hogar? ¿Volver a ti y conectar contigo para ser tú misma? ¿Renacer para ser? Vamos juntos.

Descubriendo tu verdadero yo

Conectar con tu verdadero yo implica un viaje de autoconocimiento y aceptación. Es fundamental que te tomes el tiempo para reflexionar sobre quién eres realmente, más allá de las expectativas y presiones externas. A continuación, encontrarás unas preguntas que te ayudarán a descubrirte, respóndelas si quieres en un folio aparte.

- ¿Qué es lo que creo que me caracteriza o me hace ser diferente al resto?
- ¿Cómo me ven los demás? ¿Por qué dirían que soy especial?
- ¿Qué me motiva o me impulsa en la vida?
- ¿Qué es lo que realmente me apasiona?
- ¿Qué me hace sentir viva y auténtica?

Observa detenidamente lo que has ido respondiendo. De las parejas que has ido teniendo en la vida, ¿cuántas te han acercado o alejado de tu esencia?, ¿cuántas te hicieron descubrir cosas de ti que no sabías o que siempre supiste que estaban sepultadas?

Abrazando tus valores

Tus valores son los principios que guían tu vida y tus decisiones. **Identificar y vivir de acuerdo con tus valores te permite ser fiel a ti misma y atraer a personas que compartan tus principios**. Reflexiona sobre lo que es verdaderamente importante para ti: ¿la honestidad?, ¿la compasión?, ¿la justicia?, ¿la libertad? Estos valores son la base sobre la cual construirás relaciones auténticas y significativas.

- Abnegación
- Alegría
- Amistad
- Amor propio
- Apoyo a la familia
- Aprendizaje
- Armonía
- Autoconfianza
- Autocontrol
- Autodominio

- Bondad
- Capacidad de simplificar
- Cariño
- Compromiso
- Comunicación
- Confianza
- Contribución
- Cooperación
- Coraje
- Cortesía
- Desarrollo de habilidades
- Determinación
- Discernimiento
- Disciplina
- Empatía
- Equidad
- Ética en el trabajo
- Flexibilidad
- Generosidad
- Gratitud
- Honestidad
- Honor
- Honradez
- Igualdad
- Impacto positivo en otros
- Iniciativa
- Innovación
- Justicia
- Lealtad
- Libertad
- Liderazgo
- Motivación
- Objetividad
- Optimismo
- Organización
- Paciencia
- Perseverancia
- Planificación
- Pragmatismo
- Privacidad
- Prudencia
- Puntualidad
- Realización profesional
- Respeto
- Responsabilidad
- Seguridad
- Serenidad
- Solidaridad
- Superación
- Tolerancia
- Tolerancia
- Transparencia
- Valentía
- Voluntad

Escribe los valores con los que te identificas y reflexiona sobre ellos en un folio aparte. ¿Te gustan tus respuestas y lo que te hacen sentir? Haz un poco de espacio en tu sistema nervioso a las sensaciones bonitas que sientas realizando alguna práctica somática.

Conectando con tu espiritualidad

La espiritualidad puede ser una fuente profunda de fortaleza y paz. No importa cuál sea tu camino espiritual: la religión, la meditación, la conexión con la naturaleza o la práctica de la gratitud. Estas vías te ayudan a encontrar equilibrio y propósito. **La espiritualidad te invita a ver más allá de las circunstancias inmediatas y a conectar con algo más grande que tú misma**, y proporcionan una perspectiva que puede aliviar el sufrimiento y ofrecer esperanza.

Yo creo en la vida, en el universo. Cuando hablo de «la vida», me refiero a ese concepto superior en el que tú quieras creer: Dios, energía, universo… Para mí es la vida misma, una supraconciencia, algo que existe más allá y por encima de nosotros. Todo está orquestado de tal forma que en cada vida tienes una misión y una lección que aprender (por ejemplo, si quieres ganar autonomía, escoges tu herida de abandono). O varias misiones, si eres muy masoca, como yo.

Ya no escoges
a tus padres y
sus conflictos
no resueltos.
Te escoges a ti.
Y escoges a un otro
que refleje tu propia
historia, valores
y aprendizajes.

Y, como ya sabes, los demás (tus parejas, amigos o tu familia) te ayudan a sanar. Reflejan en ti las partes que necesitas abrazar para que integres tu sombra y así vivas en equilibrio, conectando con un propósito más grande. Ese propósito está detrás de los valores que has indicado antes.

Mi propósito siempre estuvo claro: ayudar a otros a tomar conciencia. A sanar desde el cuerpo y la emoción. A ser ellos mismos. Con amor, con compasión. Porque para mí no existe una buena terapia si no hay alma; si no hay cariño; si no hay implicación.

Y sí, cuando vives conectada contigo, alineada con tus valores, tu amor propio, o tu compasión, la vida te trae todo lo bueno: abundancia económica y amorosa. Visualizas lo que deseas y lo atraes. Porque lo persigues. Porque tu sistema nervioso ya no vibra en la herida. Vibra en el gozo, en el placer, en la apertura, en la autenticidad. Somos energía. Todos podemos alquimizar nuestro dolor en esa energía de expansión. Solo es cuestión de tiempo y de activar los mecanismos adecuados con ayuda de expertos que tienen conocimiento del cuerpo, el trauma, al apego, las emociones y la espiritualidad.

Atrayendo al amor verdadero

Una vez que has conectado con tu verdadero yo, abrazado tus valores y sanado tus heridas, estás en una posición mucho más fuerte para atraer al amor verdadero. **El amor auténtico se basa en la aceptación mutua, el respeto y la conexión profunda.** Al ser fiel a ti misma y vivir de acuerdo con tus valores, atraerás a personas que te valoren por quién eres realmente.

Recuerda que el amor verdadero no es perfecto, pero es genuino y enriquecedor. Es un amor que te apoya en tu crecimiento y te acompaña en tu viaje. En general, las relaciones sanas cumplen con las siguientes características:

- **Son fáciles.** No hay drama, hay paz, hay predictibilidad. Sabes qué esperar del otro y su amor te llega de forma constante. Sin intermitencias, dudas o confusiones.
- **La comunicación es abierta y honesta.** En una relación sana, las personas se sienten libres de expresar lo que piensan y sienten. Hay espacio para hablar con sinceridad, sin miedo al juicio ni a represalias.
- **Hay respeto mutuo.** Cada persona valora al otro como un ser único, con sus propias ideas, límites y decisiones. No hay lugar para la humillación ni la manipulación.
- **Hay admiración genuina.** En una relación sana, existe una mirada apreciativa hacia el otro. Se reconocen sus cualidades, su crecimiento, su forma de ser. Admirar no es idealizar, sino ver con claridad lo valioso del otro y sentir orgullo de compartir la vida con esa persona.
- **La confianza siempre está presente.** Se construye con el tiempo, a través de la coherencia entre lo que se dice y lo que se hace. No hay necesidad de controlar ni de vivir con sospechas constantes.
- **No falta el apoyo emocional.** Ambas partes se acompañan en los momentos difíciles y celebran los logros del otro. Hay empatía, comprensión y una presencia genuina.
- **Existe independencia y espacio personal.** Cada uno mantiene su identidad, sus intereses y su vida más allá de la relación. No se

espera que el otro «complete», sino que se camina juntos desde la autonomía.

- **Se habla de los conflictos y se resuelven.** Los desacuerdos se abordan con respeto. Se busca la comprensión y se trabaja en soluciones que beneficien a ambos.
- **No se lucha por tener razón.** Se trata de entender la herida del otro y hacer lo posible por no activarla. Se llega a acuerdos.
- **La relación se construye desde el equilibrio y la reciprocidad.** No hay una parte que carga con todo el peso del vínculo. Ambas partes se cuidan mutuamente de forma justa y equitativa.

Ahora, para dejar totalmente claro qué necesitas de un hombre o de una mujer, responde a las siguientes preguntas:

- ¿Qué me hace sentir segura en una relación?
- ¿Qué me hace sentir cuidada?
- ¿Qué me recarga?
- ¿Qué me agota?
- ¿Cuáles son mis límites?
- ¿Qué tipo de hombre o mujer necesito?

Esta última pregunta es una de las más importantes. No solo me refiero a encontrar a una persona con apego y narcisismo sanos, sino a tu tipo de hombre o mujer. ¿Social, casero, cariñoso, conversacional, aventurero…? Piénsalo bien. No se trata de que sea igual que tú, al contrario, se trata de que pueda aportarte algo que tú no tengas; también que tengáis proyectos y rutinas vitales en común. **Las parejas más felices son parejas distintas que se complementan aunque haya una**

base común. Por ejemplo, tú puedes ser más casera y rutinaria y tu pareja más aventurera, aunque compartáis tiempo en casa.

Por último, ya solo me queda darte mi enhorabuena por haber llegado al final de este libro. ¡Qué viaje más intenso! Me da pena escribir estas últimas palabras... He intentado resumir, en pocas páginas, todo lo que necesitas para ser tú, quererte mucho y encontrar a alguien que te muestre todo lo bueno que hay en ti y te haga crecer.

Quiero que encuentres lo que yo encontré. O lo que la vida me trajo. Ya llevo casi seis años con el amor de mi vida. Una persona empática, sensible, detallista y sintónica. Alguien divertido y aventurero, con quien las conversaciones filosóficas nunca se terminan. Él valida mi realidad y mis emociones sin juzgarlas. Me empuja a cumplir mis sueños con ambición. También somos complementarios: él me aporta lo que me falta en autonomía e iniciativa, y yo a él a expresar su emocionalidad y vulnerabilidad. Me da todo el cariño y el amor del mundo a través de la mirada y la piel. Y, sobre todo, me acepta y me quiere tal y como soy, con mis virtudes y mis defectos. Es el chico que siempre soñé. Quizá porque todo eso que hay en él es algo que yo ya empecé a sentir en mí. Somos espejos el uno del otro de nuestros yoes auténticos, con las heridas más o menos sanadas. Lo quiero y lo amo mucho. Estoy agradecido a la vida, al universo y a mí mismo por estar junto a él, que también siente esto mismo.

Por otro lado, mi agradecimiento se extiende a mi familia, a pesar de las heridas que me causaron. Sin ese dolor no podría haber despertado y renacido en la versión tan bonita de quien soy ahora. Por eso te dije que no solo soy un psicólogo más con su bata blanca. Soy un chico sensible, vulnerable, con heridas que aún estoy sanando. Soy un «loco» más en un mundo de «locos» que se ha orientado en él gracias a la brújula de la psicología y el trabajo personal profundo. Y, desde esta posición humilde, quiero que sanes con mucho amor, compasión y cariño.

Ya tienes todas las herramientas. Ahora depende de ti utilizarlas. Para sanar, para avanzar, para evolucionar cada día y estar más cerca de lo que ansías.

Volver a ser tú misma. Atravesar el dolor más profundo de tus heridas emocionales y renacer. Renacer para ser. Para ser tú misma.

Ejercicio 10: ¿Cómo visualizar a tu yo auténtico? Renaciendo

Para terminar, quiero que visualices a tu yo auténtico. En realidad, siempre fue tu yo verdadero sepultado por todas tus creencias limitantes, máscaras y trauma. Tu yo auténtico está renaciendo a la luz de este libro que considero tan bonito. Vamos juntos con el ejercicio final. Te recomiendo que lo hagas en voz alta mientras te grabas, como en otras ocasiones, y acompañarlo con música de fondo.

Cierra los ojos y respira profundamente. Imagina que estás en un lugar tranquilo, rodeada de naturaleza. Sientes la brisa suave acariciando tu piel y el calor del sol envolviéndote con su luz dorada. Puedes incluso oler el frescor de la hierba que te rodea. En este espacio, te encuentras con tu yo adulta, una versión de ti misma que irradia seguridad y confianza.

Observa cómo ese yo camina con gracia y determinación,

cada paso firme y lleno de propósito. Su rostro refleja compasión y amor, una serenidad que emana desde lo más profundo de su ser. Sientes una conexión inmediata con ella, como si siempre hubiera estado ahí, esperando a ser reconocida.

Te acercas y percibes inteligencia en sus ojos, una sabiduría que ha sido cultivada a lo largo de los años. Ella es intuitiva, capaz de escuchar su voz interior y seguir a su guía con confianza. En su presencia, te sientes comprendida y apoyada, como si todas tus preocupaciones se desvanecieran.

Tu yo adulta es paciente, capaz de enfrentar cualquier desafío con calma y serenidad. Conoce la ansiedad, y cuando alguna vez la siente, sabe cómo volver a su centro. La ves cerrar los ojos por un momento, respirar profundamente y regresar a ese estado de paz interior.

En su entorno, todo brilla con una luz especial. Las flores a su alrededor parecen más vivas, los colores más intensos. Sientes una energía vibrante que te envuelve, una sensación de abundancia y plenitud. Ella atrae lo mejor de la vida: amor verdadero, amistades sinceras y oportunidades que resuenan con sus valores.

Te das cuenta de que esta versión de ti misma es coherente con sus principios. Está alineada con ellos y esto se refleja en cada una de sus acciones. Su cuerpo está relajado, sus movimientos son fluidos y llenos de gracia. Cada gesto, cada mirada, transmite una sensación de armonía y equilibrio.

Permítete sentir esas mismas sensaciones en tu propio cuerpo. Siente cómo la luz dorada del sol te llena de energía, cómo la brisa suave te acaricia y te trae un hálito de frescura y renovación. Escucha los sonidos de la naturaleza, el canto de los pájaros, el murmullo del agua cercana. Todo en este lugar te invita a relajarte y a conectar con tu yo más auténtico.

Mientras permaneces en este estado de visualización, siente cómo la energía de tu yo adulta se fusiona contigo. Siente su seguridad, su compasión, su amor y su inteligencia fluyendo a través de ti. Permite que su intuición y paciencia se conviertan en parte de tu ser. Siente cómo cualquier rastro de ansiedad se disuelve, dejando espacio para la paz y la claridad.

Cuando estés lista, abre los ojos lentamente, llevando contigo la sensación de haber conectado con tu yo adulta auténtico. Siente cómo esta experiencia te ha fortalecido y ha quedado anclada como recurso en lo más profundo de tu sistema nervioso. Recuerda que esta versión de ti misma siempre está disponible, esperando a ser llamada cuando la necesites.

EPÍLOGO

Para poder sanar, aumentar tu autoestima, dejar de repetir patrones de pareja disfuncionales y volver a ser auténtica, ya sabes que es fundamental que sientas el dolor de tus heridas. A lo largo de este libro, habrás explorado y tomado conciencia del dolor que llevas dentro, pero es posible que algunas heridas necesiten un trabajo más profundo en terapia.

El dolor emocional no se puede ignorar ni suprimir; debe ser sentido y procesado hasta el final para poder integrarlo y sanar por completo. Sin embargo, este proceso no debe ser abrupto ni resultar abrumador, ya que, como te expliqué en los primeros capítulos del libro, podría retraumatizarte. Es importante trabajar dentro de tu ventana de tolerancia, permitiéndote sentir el dolor poco a poco, de manera segura y controlada. Si sientes que necesitas más ayuda, busca la terapia adecuada.

La terapia conductista puede ayudarte a paliar tus síntomas, pero te puedo asegurar que no es el final del camino de sanación, ni mucho menos. A mí me ayudó para conocerme y regularme mejor emocionalmente, sin embargo, no me acercó ni de lejos a las profundidades de mis heridas de infancia, no consiguió resolver mis patrones de dependencia emocional y tampoco actuó sobre la profunda raíz de mi baja autoestima.

Este es el riesgo de las terapias cognitivas-conductuales: podrías convertirte en una experta en resolver tus problemas y en identificar lo que te pasa, pero una completa inexperta en sentir y procesar el dolor que hay detrás de tus máscaras.

El problema de estas terapias es que priorizan demasiado el uso del hemisferio izquierdo. Y aunque no cabe duda de que las funciones de lógica y acción que lo rigen son importantes, es cierto que su excesiva activación puede causar una mayor desconexión de aquellas del hemisferio derecho, es decir, de aquellas emociones reprimidas que están relacionadas con tus heridas y de las sensaciones incómodas que están atrapadas en tu sistema nervioso.

Si esto ocurre, te aseguro que solo un terapeuta que haya hecho su proceso y trabajado sus emociones y su seguridad podrá, con su energía, acompañarte a hacer tu propio trabajo. Estos terapeutas son un milagro divino y es esencial que, llegado el caso, encuentres a uno con quien conectes. Estos profesionales funcionan como antenas que te ayudan a conectar contigo misma para adentrarte en las profundidades dañadas que hay en ti, con el fin de bucear en ellas, tocarlas, sentirlas y sanarlas.

Si estás pensando en buscar ayuda profesional para sanar tus heridas, ten en cuenta que los terapeutas que realmente pueden ayudarte a sanar desde la raíz son expertos en terapias que abordan el cuerpo y las emociones de manera integral, facilitando la sanación profunda y siguiendo los ritmos de tu sistema nervioso. Una de estas terapias es la EMDR (desensibilización y reprocesamiento por movimientos oculares), que ayuda a procesar traumas y reducir la intensidad de las emociones asociadas a ellos. Esta técnica utiliza movimientos oculares para estimular el cerebro y facilitar la integración de experiencias traumáticas.

Otra terapia efectiva es la terapia focalizada en la emoción, que se centra en identificar, expresar y procesar las emociones de manera segura. Este tipo de terapia te ayuda a comprender y transformar las emociones dolorosas, y te permite tener una mayor conexión contigo misma y también con los demás. A mí me encanta porque permite abordar el inconsciente de la emoción sin hablar de lo que sentimos o buscar explicaciones de ello. En algunas ocasiones, hablar en terapia puede resultar poco productivo y puede que incluso a veces sea retraumatizante, porque verbalizas, transmites lo que sientes, pero no integras corporalmente tus emociones.

La terapia somática también es muy beneficiosa, ya que se enfoca en las sensaciones corporales y en cómo el cuerpo almacena el trauma. A través de técnicas de conciencia corporal y movimiento, esta terapia ayuda a liberar las tensiones y bloqueos emocionales que se encuentran en tu cuerpo. Yo ya te he mostrado algunas prácticas en el capítulo dedicado al trauma.

He experimentado y practicado todos los tipos de terapias que he ido mencionando, como profesional y como paciente. Sin duda, las terapias que me han dado mejores resultados, tanto para mis pacientes como para mí, son las terapias emocionales y corporales.

No estás sola, la terapia u otros recursos también pueden ayudarte.

Durante mucho tiempo hice terapia EMDR a velocidad vertiginosa. Aunque me ayudó a acercarme a mi dolor y a mis heridas emocionales, siento que no tuve tiempo suficiente para procesarlos y sostenerlos. Solo con la última psicoterapia comencé a sanar de verdad. Pude conectar mucho mejor con mi dolor y aprender a sostenerlo desde la paz. En ello sigo, de hecho.

En esta terapia, no es tan importante la técnica o el intelecto como la presencia, el silencio y la energía (la frecuencia vibratoria de la que te hablaba). Cuando mi terapeuta me mira, se hace el silencio o me plantea una pregunta, deja espacio para que yo pueda sentir, sin haberme preparado la sesión, lo que sea que yo necesite sentir.

No puedo explicar con palabras lo que siento con nuestra relación terapéutica, pero hay estudios que demuestran que la alianza terapéutica, es decir, el vínculo de apego entre paciente y terapeuta constituye cerca del ochenta por ciento del éxito de la terapia, siempre que el proceso se guíe con amor, seguridad, coherencia y límites.

Recuerda esto, por favor: **las terapias que sanan son aquellas en las que el terapeuta es humano, ha hecho su propio trabajo personal, está sintonizado con tus emociones, te da seguridad y te guía con amor**. Un terapeuta que prefiere la pregunta a la respuesta; el silencio a la locuacidad; la mirada al ejercicio o la psicoeducación. Formado en las bases de apego, trauma y psicología sistémica, psicoanálisis relacional y base humanista, que entiende que la terapia no funciona si no hay alma.

No olvides que la sanación es un proceso gradual y que cada paso te acerca a la paz interior. Permítete sentir el dolor, pero hazlo de manera controlada y con el apoyo adecuado.

AGRADECIMIENTOS

A mi psicóloga, Silvia, a quien admiro enormemente, con quien aprendo y sano cada día desde un profundo y genuino vínculo, lleno de amor incondicional. Su humor, su vulnerabilidad, su inteligencia, su inocencia, su percepción intuitiva... Todo eso es ella y es mágica. Sin duda, sin su apoyo no hubiera podido sanar mis heridas como lo he hecho.

A mis más sinceras y mejores amigas: Wendy, Ana, Elena, Patricia, Elena Taranco, Andrea, Beatriz, Cristina, Ángel, Laura y Alba. Ellas fueron testigos de mi historia y me brindaron su apoyo emocional de forma constante y amorosa durante mi adolescencia y adultez.

A mi amiga Ana, que vive en la otra punta del mundo. Nuestros caminos se cruzaron virtualmente, pero nuestra conexión fue inmediata y genuina desde el primer momento. Tu apoyo emocional casi diario y tus sabios consejos me han impulsado y dado fuerzas cuando más lo necesitaba.

A mis abuelos políticos, Enrique y Ángela, quienes me dieron momentos de felicidad y una familia que jamás olvidaré.

A mi madre política Ana, cuyo sentido de la maternidad me inspiró a remarcar en este libro la gran responsabilidad y el buen hacer que debemos aplicar a la hora de educar a nuestros hijos y futuras generaciones.

A mi tía Marisol, por quien siempre he sentido un profundo cariño y admiración.

A mi tío Edu y su pareja Mia, que, a pesar de la distancia, siempre tienen detalles y palabras bonitas para demostrarme su amor.

A mi primo Álex, cuyo sentido de la espiritualidad me ha permitido escribir este libro desde una inspiración que transciende lo terrenal.

A mi tío Álex, quien me recordó quién era yo y me amó de verdad cuando más lo necesitaba. Su ejemplo me ha motivado a resaltar en este libro la importancia de las figuras de apego sanadoras.

A mi tía May, cuya bondad me ha permitido escribir este libro desde la compasión hacia los seres humanos.

A mi abuelo Paco, cuya protección y cuidado en algunos momentos de mi infancia ha sido clave para subrayar en este libro que los abuelos son imprescindibles en la vida de las personas.

A mi abuela materna Rosa, que en paz descanse, quien con su cariño y presencia me hizo sentir querido. Ella me atendió y protegió en momentos clave de mi infancia, justo cuando más necesitaba amor.

A mí tía Conchi, cuyo cariño me ha permitido escribir este libro con el amor que se merece.

A mi familia escogida: Ana Milena, Cristian y Carlos. Su sentido de la familia y su amor puro me han permitido elevarme al perdón respecto a mi familia de origen y sublimar gran parte del dolor de la no pertenencia.

A mis hermanos Samuel y Lidia, cuyo sentido del humor y amor inocente, profundo y genuino me han hecho escribir este libro valorando la importancia de los vínculos familiares.

A mi padre Emilio, por su sentido de la racionalidad y su inteligencia, que me han ayudado a poner los pies sobre la tierra, organizar mi trabajo, relativizar y restar importancia a la perfección. Esto ha hecho que escribir el libro haya sido una experiencia más auténtica y placentera.

A mi abuela Isabel, quien me ayudó a construir gran parte de mi personalidad durante mi infancia y adolescencia. Su amor, devoción, protección, cuidado, orgullo y disciplina fueron los pilares clave para escribir este libro tan bonito. Siempre te estaré agradecido.

A mi madre Silvia, de quien heredé la valentía y el coraje de enfrentar todos mis miedos y luchar por mis sueños, cualidades sin las que no podría haber escrito este libro. De quien nació el fuego y el coraje para afrontar todos mis desafíos. También me enseñó a conectarme con la esencia más tierna de la niñez, lo que me ha permitido disfrutar del mundo entre risas y carcajadas.

A mi pareja, Juan, quien en los últimos años ha sido mi fiel aliado y compañero de vida. Su aliento ha empujado todos mis pasos con ambición y seguridad. Con él he descubierto y abrazado lo que es el amor de verdad.

A mi niño interior; me siento profundamente orgulloso de ti por haber llegado tan lejos. Te quiero y te amo mucho. Gracias por todo. Gracias por ser tú.

BIBLIOGRAFÍA

AZNÁREZ, B., *El trauma psíquico es de todos: Rompe el silencio*, autoedición, 2021.

BRADSHAW, J., *Volver a casa: Recuperación y reivindicación del niño interior*, Gaia, 2015.

CAZABAT, E. H., «Nuevos abordajes psicoterapéuticos en el tratamiento del trauma», *Revista de Psicotrauma para Iberoamérica*, n.º 4 (2001).

— «Efectos del trauma prolongado en la infancia», *Anales de Psiquiatría*, vol. 18, n.º 5 (2002).

GONZÁLEZ, A., *No soy yo. Entendiendo el trauma complejo, el apego y la disociación: una guía para pacientes*, autoedición, 2017.

— *Entender y evaluar el apego: de las experiencias tempranas al modelo mental*, Imaya, 2024.

VV. AA.,«Psychological trauma as a transdiagnostic risk for mental disorder: An umbrella meta-analysis», *European Archives of Psychiatry and Clinical Neuroscience*, vol. 273, n.º 2 (2022), pp. 397-410, https://doi.org/10.1007/s00406-022-01495-5.

LEVINE, A. Y HELLER, R., *Maneras de amar: La nueva ciencia del apego adulto y cómo puede ayudarte a encontrar el amor y conservarlo*, Urano, 2023.

LEVINE, P., *Waking the Tiger: Healing Trauma*, North Atlantic Books, 1997.

MATÉ, G., *When the body says no: Understanding the stress-disease connection*, John Wiley & Sons, 2003.

— *In the realm of hungry ghosts: Close encounters with addiction*, North Atlantic Books, 2008.

— *La sabiduría del trauma* [película documental], Science and Nonduality (SAND) / Commonweal, 2021.

MUEBRA, M., *Abraza tus sombras, descubre tu luz: Siente el poder transformador de las heridas y vive en paz con tu yo auténtico*, Montena, 2024.

NOGUCHI, Y., *La ley del espejo: Una regla mágica que resuelve cualquier problema en la vida*, Comanegra, 2010.

PASCAL, E., *Jung para la vida cotidiana*, Obelisco, 2019.

PITILLAS, C., *El daño que se hereda: comprender y abordar la transmisión transgeneracional del trauma*, Desclée De Brouwer, 2021.

POOLE HELLER, D., *El poder del apego*, Sirio, 2022.

PORGES, S. W., *The Polyvagal Theory: Neurophysiological Foundations of Emotions, Attachment, Communication, and Self-Regulation*, W. W. Norton & Company, 2011.

VAN DER HART, O.; BOON, S. Y STEELE, K., *Vivir con disociación traumática: Entrenamiento de habilidades para pacientes y terapeutas*, W. W. Norton & Company, 2011.

VAN DER KOLK, B., *The Body Keeps the Score: Brain, Mind, and Body in the Healing of Trauma*, Penguin Publishing Group, 2014.

Este libro se terminó de imprimir
en el mes de octubre de 2025.